F ROM ADAM TO CHRIST

A Complete Genealogy of the Bible

FOR THOSE OF US WHO HAVE TRIED TO READ CHRONICLES AND FOUND

THE GENEOLOGIES SOMEWHAT DIFFICULT TO FOLLOW, I HAVE TRIED TO SIMPLIFY IT

AS MUCH AS I COULD BY DEVELOPING A FAMILY TREE OF THE OLD TESTAMENT.

THIS SHOULD BE ENJOYABLE TO EVERYONE WHO HAS READ THE OLD TESTAMENT,

BUT SKIPPED OVER THE GENEOLOGIES.

LEGEND

(BLUE) SCRIPTURE REFERENCES

(RED) ANCESTORS OF JESUS

(VIOLET) SON'S OF JACOB

(VIOLET) KINGS OF JUDAH

(BROWN) KINGS OF ISRAEL

OLD TESTAMENT NAMES

ADAM GEN 4:1

CAIN GEN 4:1

ENOCH GEN 4:17

IRAD GEN 4:18

MEHUJAEL GEN 4:18

METHUSAEL

LAMECH

ABEL GEN 4:2

JABAL GEN 4:18

JUBAL GEN 4:18

TUBALCAIN

NAAMAH

ADAH GEN 4:19-22

ADAH GEN 4:19-22

ZILLAH GEN 4:19-22

ZILLAH GEN 4:19-22

ADAM

CONTINUED GEN 5:1-2

SETH GEN 5:3

ENOS GEN 5:6

CAINAN GEN 5:10

MAHALALEEL GEN 5:13

JARED GEN 5:16

ENOCH GEN 5:16

METHUSELAH GEN 5:21

LAMECH GEN 5:26

NOAH

continued GEN 5:29

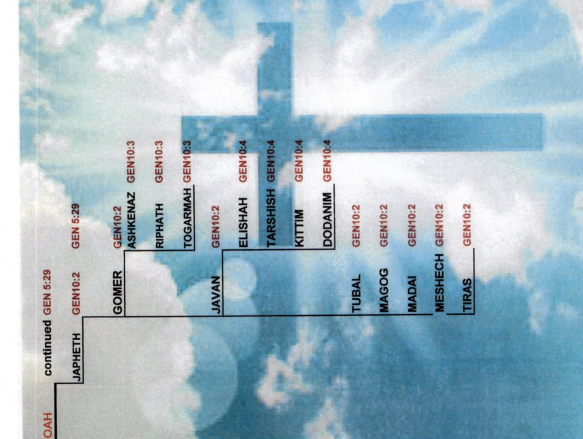

NOAH

continued GEN 5:29

JAPHETH GEN10:2

GOMER GEN10:2 GEN 5:29

    ASHKENAZ GEN10:3

    RIPHATH GEN10:3

    TOGARMAH GEN10:3

JAVAN GEN10:2

    ELISHAH GEN10:4

    TARSHISH GEN10:4

    KITTIM GEN10:4

    DODANIM GEN10:4

TUBAL GEN10:2

MAGOG GEN10:2

MADAI GEN10:2

MESHECH GEN10:2

TIRAS GEN10:2

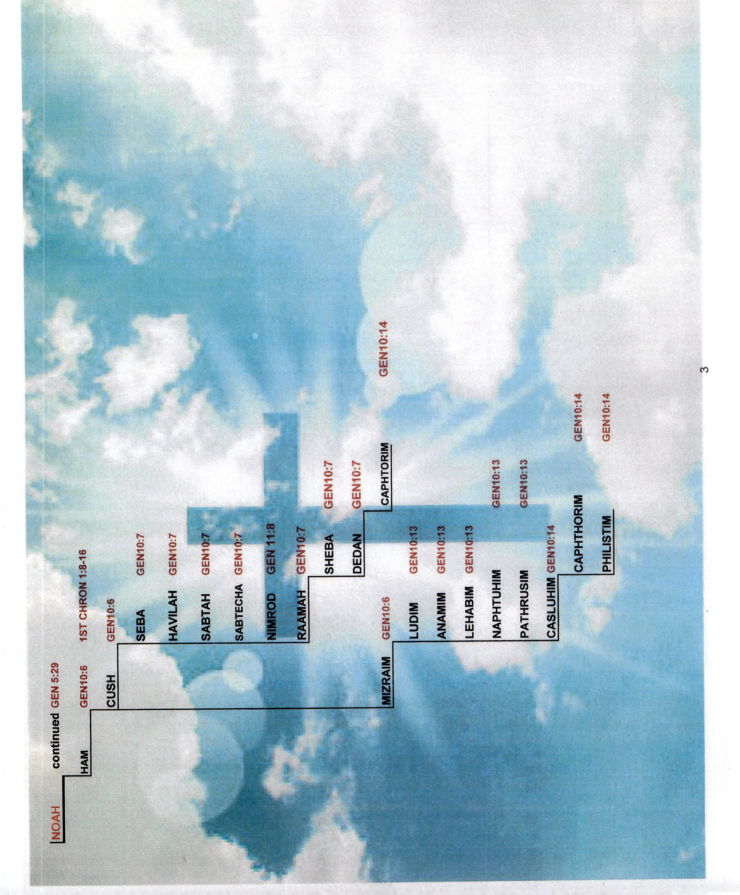

NOAH

continued GEN 5:29

HAM GEN10:6

CUSH GEN10:6 — 1ST CHRON 1:8-16

- SEBA GEN10:7
- HAVILAH GEN10:7
- SABTAH GEN10:7
- SABTECHA GEN10:7
- NIMROD GEN 11:8
- RAAMAH GEN10:7
  - SHEBA GEN10:7
  - DEDAN GEN10:7
    - CAPHTORIM GEN10:14

MIZRAIM GEN10:6

- LUDIM GEN10:13
- ANAMIM GEN10:13
- LEHABIM GEN10:13
- NAPHTUHIM GEN10:13
- PATHRUSIM GEN10:13
- CASLUHIM GEN10:14
  - CAPHTHORIM GEN10:14
  - PHILISTIM GEN10:14

3

NOAH

continued   GEN 5:29

HAM   GEN10:6

CANAAN   GEN10:6

SIDON   GEN10:15
HETH   GEN10:15
JEBUSITES   GEN10:16
AMORITE   GEN10:16
GIRGASITE   GEN10:16
HIVITE   GEN10:17
ARKITED   GEN10:17
SINITE   GEN10:17
ARVADITE   GEN10:18
ZEMARITE   GEN10:18
HAMATHITE   GEN10:18

PHUT   GEN10:6

4

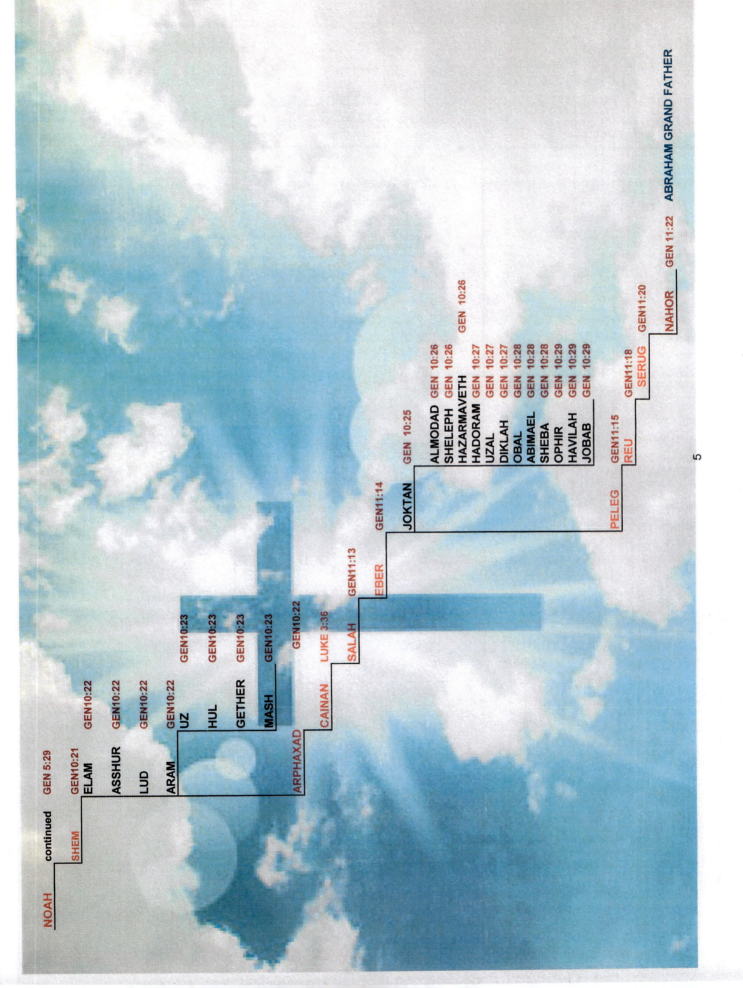

NOAH

continued

SHEM GEN10:21

ELAM GEN10:22

ASSHUR GEN10:22

LUD GEN10:22

ARAM GEN10:22

UZ GEN10:23

HUL GEN10:23

GETHER GEN10:23

MASH GEN10:23

GEN 5:29

ARPHAXAD GEN10:22

CAINAN LUKE 3:36

SALAH GEN11:13

EBER GEN11:14

JOKTAN GEN 10:25

ALMODAD GEN 10:26

SHELEPH GEN 10:26

HAZARMAVETH GEN 10:26

HADORAM GEN 10:27

UZAL GEN 10:27

DIKLAH GEN 10:27

OBAL GEN 10:28

ABIMAEL GEN 10:28

SHEBA GEN 10:28

OPHIR GEN 10:29

HAVILAH GEN 10:29

JOBAB GEN 10:29

PELEG GEN11:15

REU GEN11:18

SERUG GEN11:20

NAHOR GEN 11:22

ABRAHAM GRAND FATHER

5

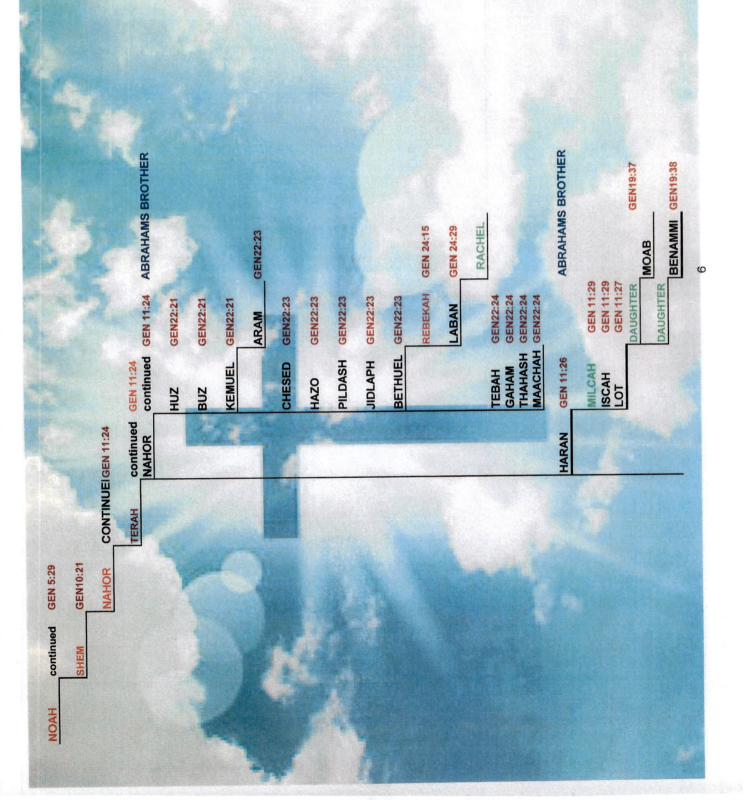

NOAH
continued   GEN 5:29
SHEM
    GEN10:21
NAHOR
    GEN11:24
TERAH
CONTINUEI GEN 11:24
continued GEN 11:24
NAHOR
continued

HUZ   GEN 11:24
BUZ   GEN22:21
KEMUEL   GEN22:21
    GEN22:21
ARAM   GEN22:23
    ABRAHAMS BROTHER

CHESED   GEN22:23
HAZO   GEN22:23
PILDASH   GEN22:23
JIDLAPH   GEN22:23
BETHUEL   GEN22:23
REBEKAH   GEN 24:15
LABAN   GEN 24:29
RACHEL

TEBAH   GEN22:24
GAHAM   GEN22:24
THAHASH   GEN22:24
MAACHAH   GEN22:24

HARAN   GEN 11:26

MILCAH   GEN 11:29
ISCAH   GEN 11:29
LOT   GEN 11:27
DAUGHTER
MOAB   GEN19:37
DAUGHTER
BENAMMI   GEN19:38

ABRAHAMS BROTHER

6

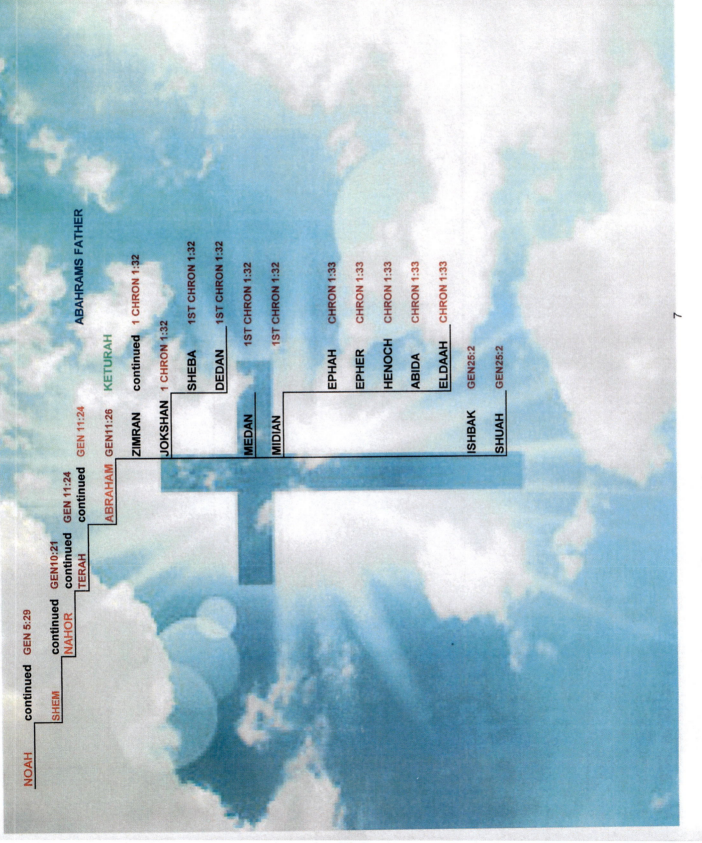

NOAH continued GEN 5:29

SHEM continued GEN10:21

NAHOR continued GEN 11:24

TERAH GEN 11:24

ABRAHAM GEN11:26 ABAHRAMS FATHER

KETURAH

ZIMRAN

JOKSHAN continued 1 CHRON 1:32

SHEBA 1ST CHRON 1:32

DEDAN 1ST CHRON 1:32

MEDAN 1ST CHRON 1:32

MIDIAN 1ST CHRON 1:32

EPHAH CHRON 1:33

EPHER CHRON 1:33

HENOCH CHRON 1:33

ABIDA CHRON 1:33

ELDAAH CHRON 1:33

ISHBAK GEN25:2

SHUAH GEN25:2

7

NOAH continued GEN 5:29

SHEM continued GEN10:21

NAHOR continued GEN 11:24

TERAH continued GEN 11:24

ABRAHAM continued GEN11:26

HAGAR

ISHMAEL GEN16:15

NEBAJOTH GEN25:13

KEDAR 1ST CHRON 1:29

ADBEEL 1ST CHRON 1:29

MIBSAM 1ST CHRON 1:29

MISHMA 1ST CHRON 1:30

DUMAH 1ST CHRON 1:30

MASSA 1ST CHRON 1:30

HADAR 1ST CHRON 1:30

TEMA 1ST CHRON 1:30

JETUR 1ST CHRON 1:31

NAPHISH 1ST CHRON 1:31

KEDEMAH 1ST CHRON 1:31

8

NAHOR continued GEN 5:29

TERAH continued

ABRAHAM GEN 11:24

ISAAC GEN 11:26 continued

GEN 21:3 continued

ESAU SARAH

ELIPHAZ 1ST CHRON 1:34

1ST CHRON 1:35

TEMAN 1ST CHRON 1:36

OMAR 1ST CHRON 1:36

ZEPHI 1ST CHRON 1:36   ZEPHO   GENESIS 36:11

GATAM 1ST CHRON 1:36

KENAZ 1ST CHRON 1:36

TIMNA 1ST CHRON 1:36

AMALEK 1ST CHRON 1:36

REUEL 1ST CHRON 1:35

NAHATH 1ST CHRON 1:37

ZERAH 1ST CHRON 1:37

SHAMMAH 1ST CHRON 1:37

MIZZAH 1ST CHRON 1:37

JEUSH 1ST CHRON 1:35

JAALAM 1ST CHRON 1:35

KORAH 1ST CHRON 1:35

9

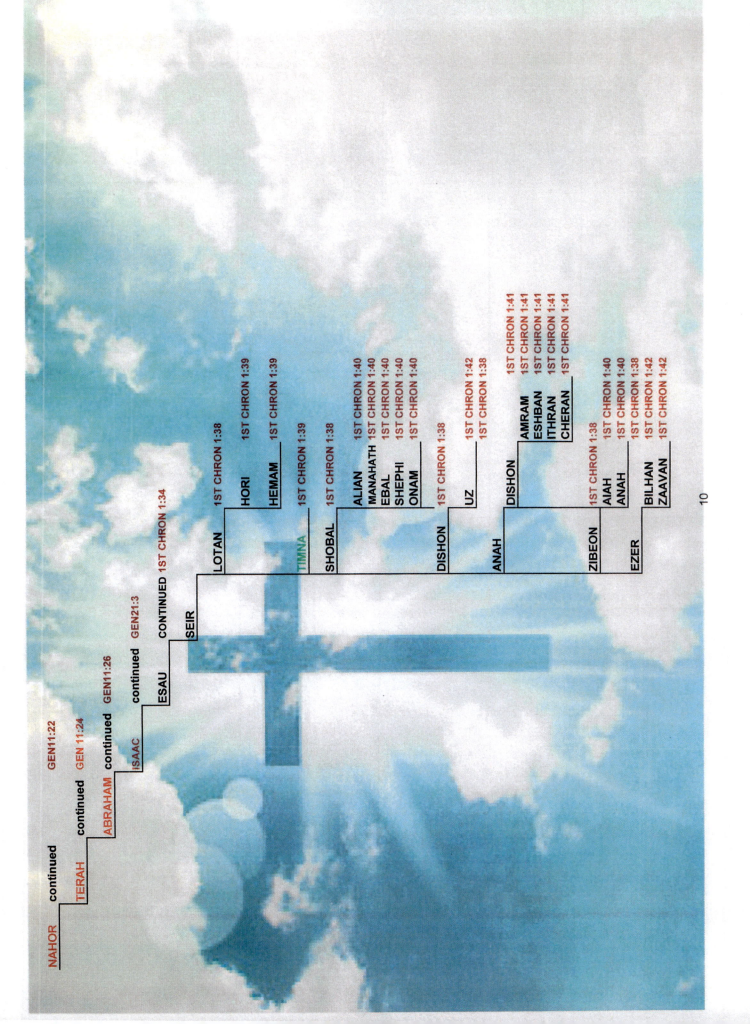

NAHOR continued GEN11:22

TERAH continued GEN 11:24

ABRAHAM continued GEN11:26

ISAAC continued GEN21:3

ESAU CONTINUED 1ST CHRON 1:34

SEIR

LOTAN 1ST CHRON 1:38
HORI 1ST CHRON 1:39
HEMAM 1ST CHRON 1:39

TIMNA 1ST CHRON 1:39

SHOBAL 1ST CHRON 1:38
ALIAN 1ST CHRON 1:40
MANAHATH 1ST CHRON 1:40
EBAL 1ST CHRON 1:40
SHEPHI 1ST CHRON 1:40
ONAM 1ST CHRON 1:40

DISHON 1ST CHRON 1:38
UZ 1ST CHRON 1:42
1ST CHRON 1:38

ANAH
DISHON
AMRAM 1ST CHRON 1:41
ESHBAN 1ST CHRON 1:41
ITHRAN 1ST CHRON 1:41
CHERAN 1ST CHRON 1:41

ZIBEON 1ST CHRON 1:38
AIAH 1ST CHRON 1:40
ANAH 1ST CHRON 1:40

EZER 1ST CHRON 1:38
BILHAN 1ST CHRON 1:42
ZAAVAN 1ST CHRON 1:42

10

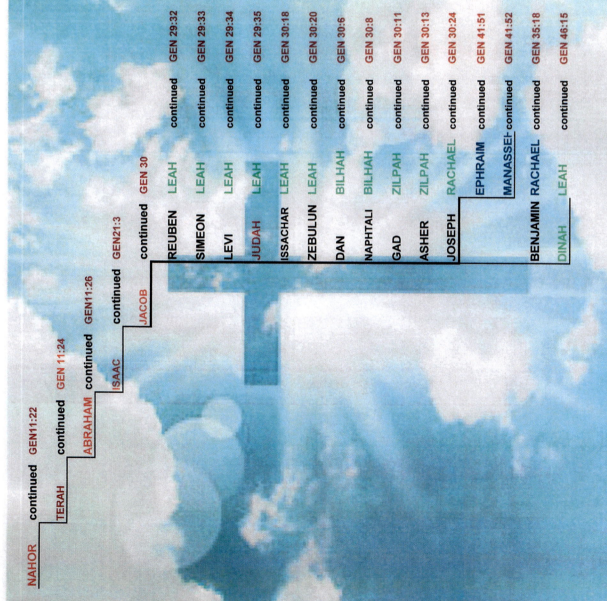

NAHOR   continued   GEN11:22

TERAH   continued   GEN 11:24

ABRAHAM   continued   GEN11:26

ISAAC   continued   GEN21:3

JACOB   continued   GEN 30

REUBEN   LEAH   continued   GEN 29:32

SIMEON   LEAH   continued   GEN 29:33

LEVI   LEAH   continued   GEN 29:34

JUDAH   LEAH   continued   GEN 29:35

ISSACHAR   LEAH   continued   GEN 30:18

ZEBULUN   LEAH   continued   GEN 30:20

DAN   BILHAH   continued   GEN 30:6

NAPHTALI   BILHAH   continued   GEN 30:8

GAD   ZILPAH   continued   GEN 30:11

ASHER   ZILPAH   continued   GEN 30:13

JOSEPH   RACHAEL   continued   GEN 30:24

EPHRAIM   continued   GEN 41:51

MANASSEH   continued   GEN 41:52

BENJAMIN   RACHAEL   continued   GEN 35:18

DINAH   LEAH   continued   GEN 46:15

11

JACOB

continued GEN 30:1

REUBEN GEN 29:32

continued

HANOCH GEN 46:9

PALLU GEN 46:9

ELIAB

NEMUEL NUM 26:8

DATHAN NUM 26:9

ABIRAM NUM 26:9

NUM 26:9

HEZRON 1ST CHRON 5:3

CARMI 1ST CHRON 5:3

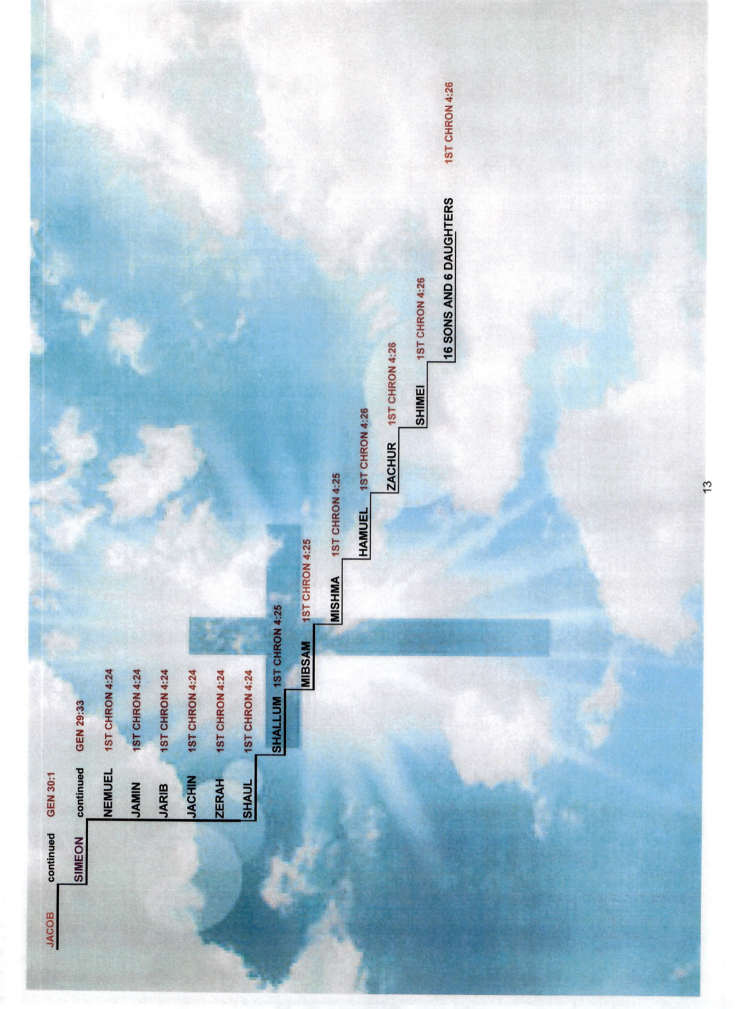

JACOB

continued

SIMEON GEN 30:1

continued GEN 29:33

NEMUEL 1ST CHRON 4:24

JAMIN 1ST CHRON 4:24

JARIB 1ST CHRON 4:24

JACHIN 1ST CHRON 4:24

ZERAH 1ST CHRON 4:24

SHAUL 1ST CHRON 4:24

SHALLUM 1ST CHRON 4:25

MIBSAM 1ST CHRON 4:25

MISHMA 1ST CHRON 4:25

HAMUEL 1ST CHRON 4:26

ZACHUR 1ST CHRON 4:26

SHIMEI 1ST CHRON 4:26

16 SONS AND 6 DAUGHTERS 1ST CHRON 4:26

13

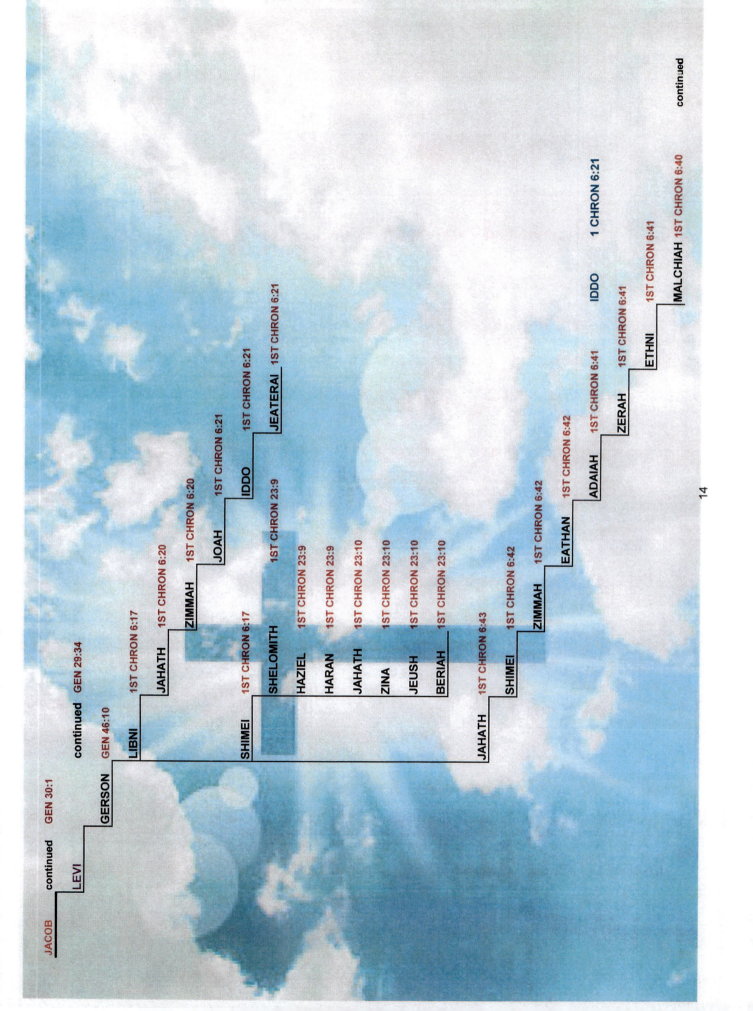

JACOB

LEVI continued

GERSON GEN 30:1

LEVI continued

GERSON GEN 29:34

LIBNI GEN 46:10

JAHATH 1ST CHRON 6:17

ZIMMAH 1ST CHRON 6:20

JOAH 1ST CHRON 6:20

IDDO 1ST CHRON 6:21

JEATERAI 1ST CHRON 6:21

SHIMEI 1ST CHRON 6:17

SHELOMITH 1ST CHRON 23:9

HAZIEL 1ST CHRON 23:9

HARAN 1ST CHRON 23:9

JAHATH 1ST CHRON 23:10

ZINA 1ST CHRON 23:10

JEUSH 1ST CHRON 23:10

BERIAH 1ST CHRON 23:10

JAHATH 1ST CHRON 6:43

SHIMEI 1ST CHRON 6:42

ZIMMAH 1ST CHRON 6:42

EATHAN 1ST CHRON 6:42

ADAIAH 1ST CHRON 6:41

ZERAH 1ST CHRON 6:41

ETHNI 1ST CHRON 6:41

IDDO 1 CHRON 6:21

MALCHIAH 1ST CHRON 6:40

continued

14

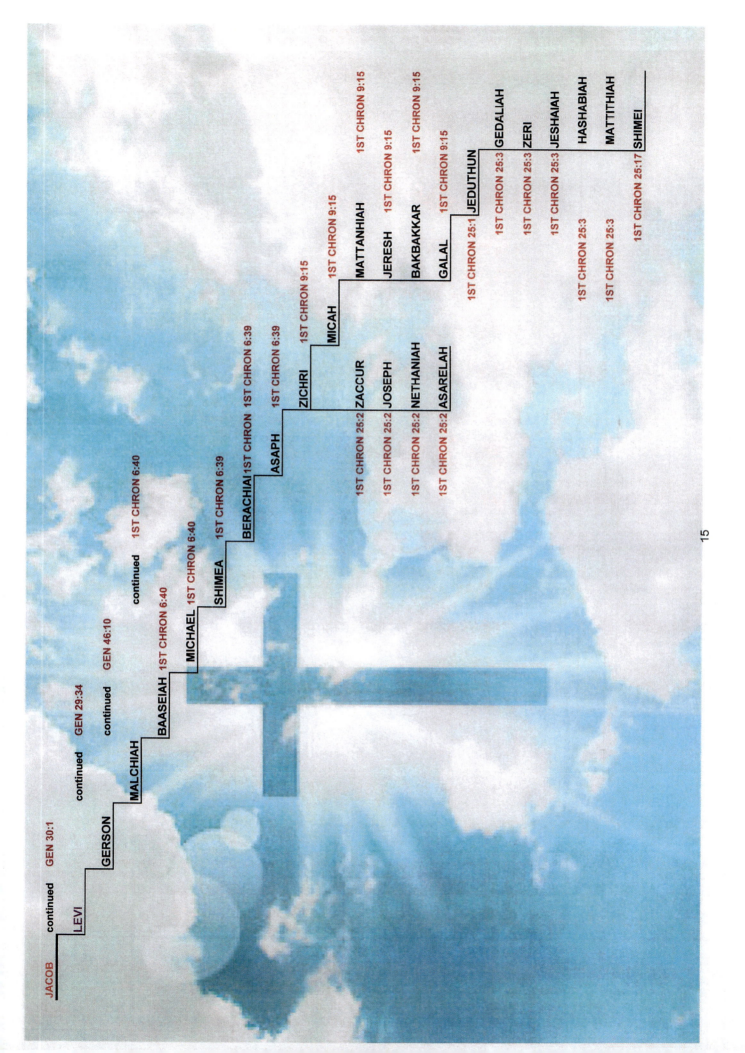

JACOB

continued GEN 30:1

LEVI

continued GEN 29:34

GERSON

continued GEN 46:10

MALCHIAH

continued 1ST CHRON 6:40

BAASEIAH 1ST CHRON 6:40

MICHAEL 1ST CHRON 6:40

SHIMEA 1ST CHRON 6:39

BERACHIAH 1ST CHRON 6:39

ASAPH 1ST CHRON 6:39

ZICHRI 1ST CHRON 9:15

MICAH 1ST CHRON 9:15

MATTANHIAH 1ST CHRON 9:15

JERESH 1ST CHRON 9:15

BAKBAKKAR 1ST CHRON 9:15

GALAL 1ST CHRON 9:15

JEDUTHUN 1ST CHRON 25:1

GEDALIAH 1ST CHRON 25:3

ZERI 1ST CHRON 25:3

JESHAIAH 1ST CHRON 25:3

HASHABIAH 1ST CHRON 25:3

MATTITHIAH 1ST CHRON 25:3

SHIMEI 1ST CHRON 25:17

ZACCUR 1ST CHRON 25:2

JOSEPH 1ST CHRON 25:2

NETHANIAH 1ST CHRON 25:2

ASARELAH 1ST CHRON 25:2

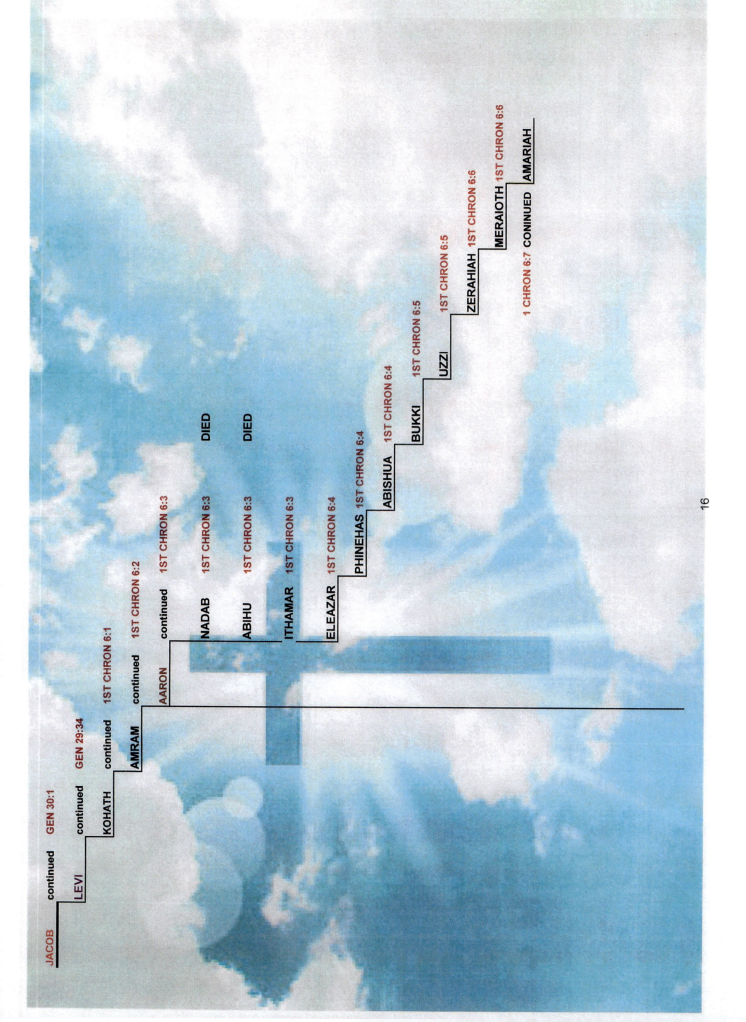

JACOB

continued   GEN 30:1

LEVI

continued   GEN 29:34

KOHATH

continued

AMRAM   1ST CHRON 6:1

continued

AARON   1ST CHRON 6:2

continued

NADAB   1ST CHRON 6:3   DIED

ABIHU   1ST CHRON 6:3   DIED

ITHAMAR   1ST CHRON 6:3

ELEAZAR   1ST CHRON 6:4

PHINEHAS   1ST CHRON 6:4

ABISHUA   1ST CHRON 6:4

BUKKI   1ST CHRON 6:5

UZZI   1ST CHRON 6:5

ZERAHIAH   1ST CHRON 6:6

MERAIOTH   1ST CHRON 6:6

AMARIAH   1 CHRON 6:7 CONINUED

16

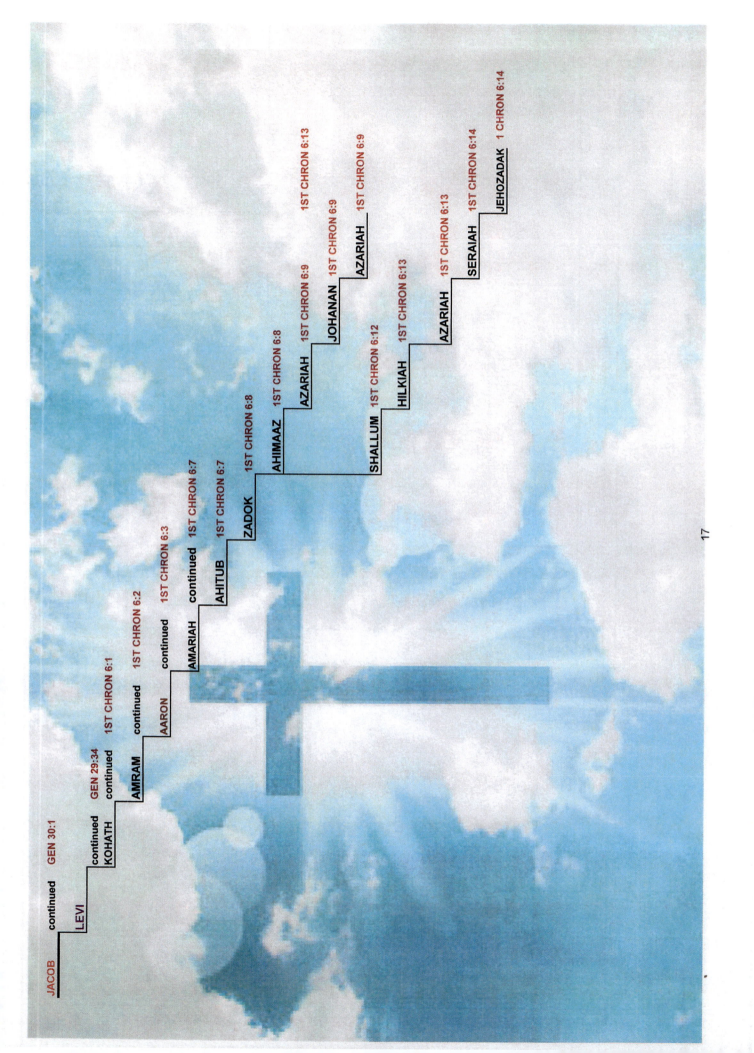

JACOB

continued GEN 30:1

LEVI

continued GEN 29:34

KOHATH

continued 1ST CHRON 6:1

AMRAM

continued 1ST CHRON 6:2

AARON

continued 1ST CHRON 6:3

AMARIAH

continued 1ST CHRON 6:7

AHITUB

1ST CHRON 6:7

ZADOK

1ST CHRON 6:8

AHIMAAZ

1ST CHRON 6:8

AZARIAH

1ST CHRON 6:9

JOHANAN

1ST CHRON 6:9

AZARIAH

1ST CHRON 6:9

SHALLUM

1ST CHRON 6:12

HILKIAH

1ST CHRON 6:13

AZARIAH

1ST CHRON 6:13

SERAIAH

1ST CHRON 6:14

JEHOZADAK   1 CHRON 6:14

17

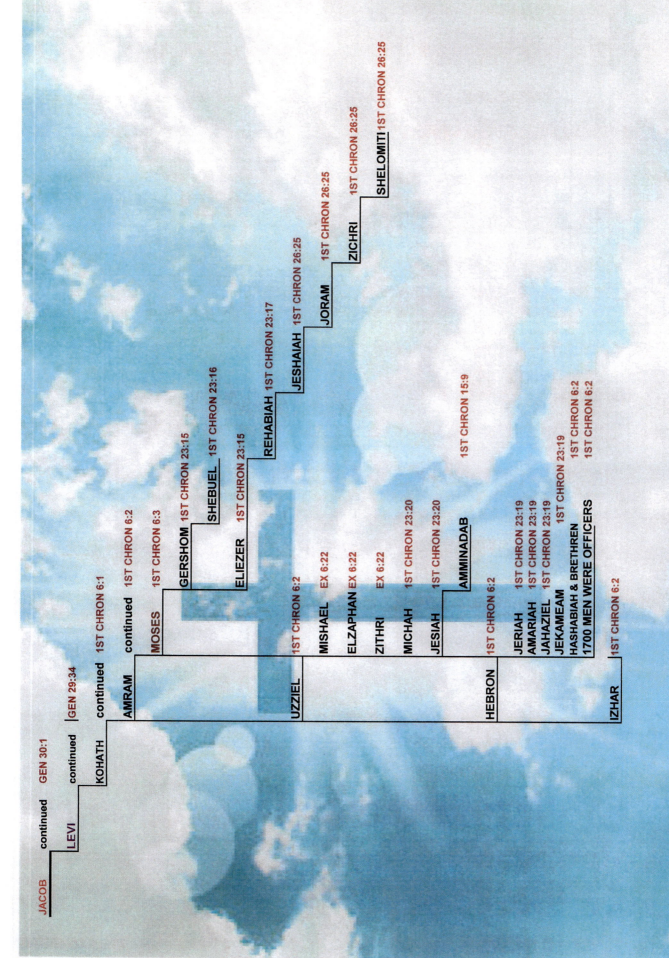

JACOB

LEVI continued GEN 30:1

continued

KOHATH continued GEN 29:34

AMRAM continued 1ST CHRON 6:1

MOSES continued 1ST CHRON 6:2

GERSHOM 1ST CHRON 6:3

SHEBUEL 1ST CHRON 23:15

ELIEZER 1ST CHRON 23:16

1ST CHRON 23:15

REHABIAH 1ST CHRON 23:17

JESHAIAH 1ST CHRON 26:25

JORAM 1ST CHRON 26:25

ZICHRI 1ST CHRON 26:25

SHELOMITI 1ST CHRON 26:25

UZZIEL 1ST CHRON 6:2

MISHAEL EX 6:22

ELZAPHAN EX 6:22

ZITHRI EX 6:22

MICHAH 1ST CHRON 23:20

JESIAH 1ST CHRON 23:20

AMMINADAB 1ST CHRON 15:9

HEBRON 1ST CHRON 6:2

JERIAH 1ST CHRON 23:19

AMARIAH 1ST CHRON 23:19

JAHAZIEL 1ST CHRON 23:19

JEKAMEAM 1ST CHRON 23:19

HASHABIAH & BRETHREN 1ST CHRON 6:2

1700 MEN WERE OFFICERS 1ST CHRON 6:2

IZHAR 1ST CHRON 6:2

18

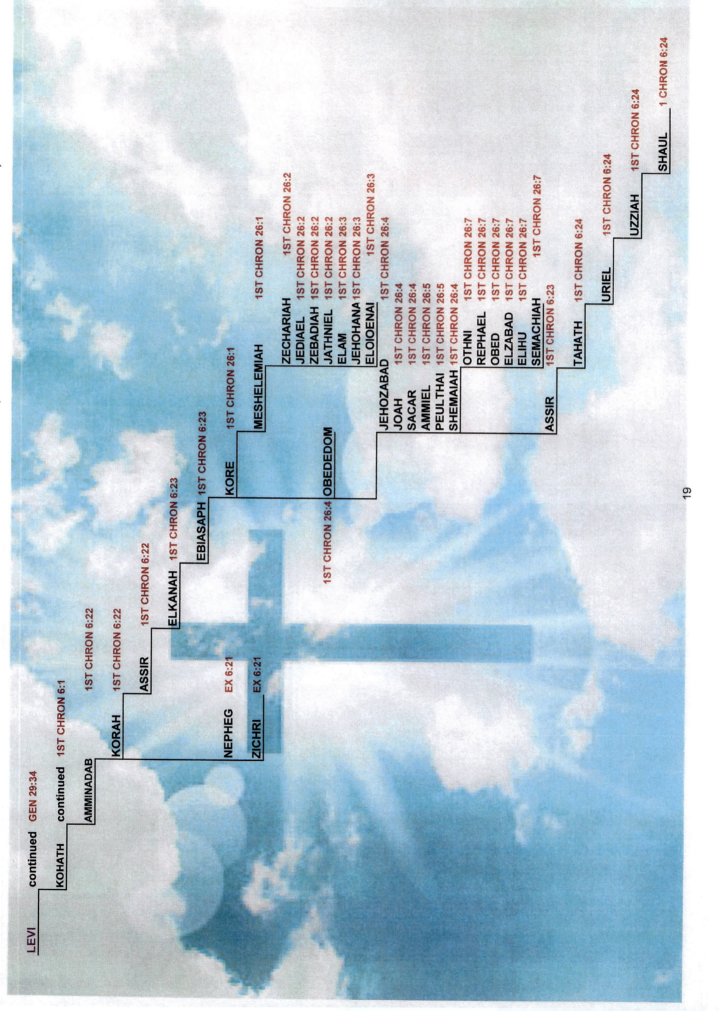

LEVI continued GEN 29:34

KOHATH continued 1ST CHRON 6:1

AMMINADAB

KORAH 1ST CHRON 6:22

ASSIR 1ST CHRON 6:22

ELKANAH 1ST CHRON 6:22

EBIASAPH 1ST CHRON 6:23

NEPHEG EX 6:21

ZICHRI EX 6:21

KORE 1ST CHRON 6:23

MESHELEMIAH 1ST CHRON 26:1

OBEDEDOM 1ST CHRON 26:4

ZECHARIAH 1ST CHRON 26:2

JEDIAEL 1ST CHRON 26:2

ZEBADIAH 1ST CHRON 26:2

JATHNIEL 1ST CHRON 26:2

ELAM 1ST CHRON 26:3

JEHOHANA 1ST CHRON 26:3

ELOIOENAI 1ST CHRON 26:4

JEHOZABAD 1ST CHRON 26:4

JOAH 1ST CHRON 26:4

SACAR 1ST CHRON 26:4

AMMIEL 1ST CHRON 26:5

PEULTHAI 1ST CHRON 26:5

SHEMAIAH 1ST CHRON 26:4

OTHNI 1ST CHRON 26:7

REPHAEL 1ST CHRON 26:7

OBED 1ST CHRON 26:7

ELZABAD 1ST CHRON 26:7

ELIHU 1ST CHRON 26:7

SEMACHIAH 1ST CHRON 26:7

ASSIR 1ST CHRON 6:23

TAHATH 1ST CHRON 6:24

URIEL 1ST CHRON 6:24

UZZIAH 1ST CHRON 6:24

SHAUL 1 CHRON 6:24

19

LEVI continued GEN 29:34

KOHATH continued 1ST CHRON 6:1

AMMINADAB

AMASAI 1ST CHRON 6:22

AHIMOTH 1ST CHRON 6:25

ZOPHAI 1ST CHRON 6:25

NAHATH 1ST CHRON 6:26

ZUPH 1ST CHRON 6:26

ELIAB 1ST CHRON 6:26

JEROHAM 1ST CHRON 6:27

ELKANAH 1ST CHRON 6:27

SAMUEL 1ST SAM 1:20

VASHNI 1ST CHRON 6:28

ABIAH 1ST CHRON 6:28

HEMAN 1ST CHRON 6:33

BUKKIAH 1ST CHRON 25:4
MATTANIAH 1ST CHRON 25:4
UZZIEL 1ST CHRON 25:4
SHEBUEL 1ST CHRON 25:4
JERIMOTH 1ST CHRON 25:4
HANANIAH 1ST CHRON 25:4
HANANI 1ST CHRON 25:4
ELIATHATH 1ST CHRON 25:4
GIDDALTI 1ST CHRON 25:4
ROMAMTIEZER 1ST CHRON 25:4
JOSHBEKASHAH 1ST CHRON 25:5
MALLOTHI 1ST CHRON 25:4
HOTHIR 1ST CHRON 25:4
MAHAZIOTH 1ST CHRON 25:4
3 DAUHTERS 1ST CHRON 25:5

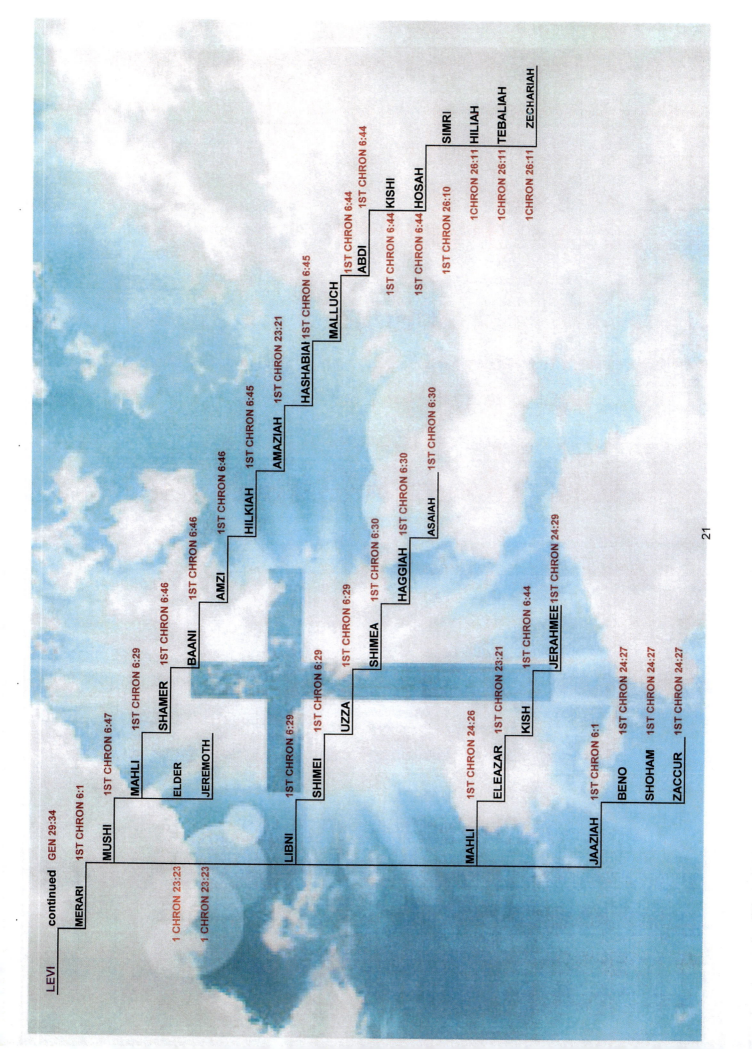

LEVI continued GEN 29:34

MERARI 1ST CHRON 6:1

MUSHI 1ST CHRON 6:47
1 CHRON 23:23
1 CHRON 23:23

MAHLI 1ST CHRON 6:29

ELDER
JEREMOTH

SHAMER 1ST CHRON 6:46

BAANI 1ST CHRON 6:46

AMZI 1ST CHRON 6:46

HILKIAH 1ST CHRON 6:45

AMAZIAH 1ST CHRON 23:21

HASHABIAI 1ST CHRON 6:45

MALLUCH 1ST CHRON 6:44

ABDI 1ST CHRON 6:44

KISHI 1ST CHRON 6:44

HOSAH 1ST CHRON 6:44

SIMRI 1ST CHRON 26:10

HILIAH 1CHRON 26:11

TEBALIAH 1CHRON 26:11

ZECHARIAH 1CHRON 26:11

LIBNI

SHIMEI 1ST CHRON 6:29

UZZA 1ST CHRON 6:29

SHIMEA 1ST CHRON 6:30

HAGGIAH 1ST CHRON 6:30

ASAIAH 1ST CHRON 6:30

MAHLI 1ST CHRON 24:26

ELEAZAR 1ST CHRON 23:21

KISH 1ST CHRON 6:44

JERAHMEE 1ST CHRON 24:29

JAAZIAH 1ST CHRON 6:1

BENO 1ST CHRON 24:27

SHOHAM 1ST CHRON 24:27

ZACCUR 1ST CHRON 24:27

21

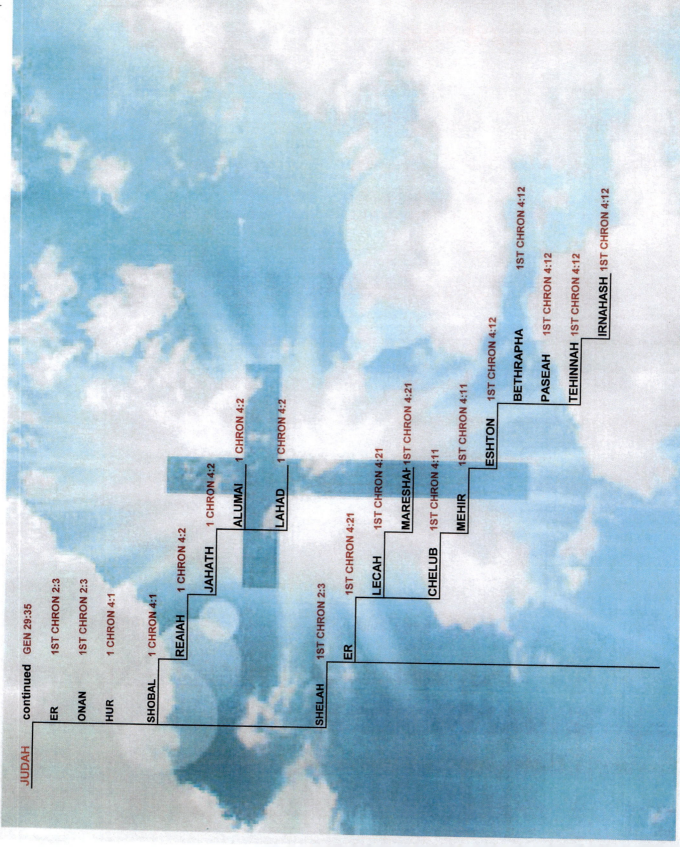

JUDAH

continued GEN 29:35

ER 1ST CHRON 2:3

ONAN 1ST CHRON 2:3

HUR 1 CHRON 4:1

SHOBAL 1 CHRON 4:1

REAIAH 1 CHRON 4:2

JAHATH 1 CHRON 4:2

ALUMAI 1 CHRON 4:2

LAHAD 1 CHRON 4:2

SHELAH 1ST CHRON 2:3

ER 1ST CHRON 4:21

LECAH 1ST CHRON 4:21

MARESHA 1ST CHRON 4:21

CHELUB 1ST CHRON 4:11

MEHIR 1ST CHRON 4:11

ESHTON 1ST CHRON 4:12

BETHRAPHA 1ST CHRON 4:12

PASEAH 1ST CHRON 4:12

TEHINNAH 1ST CHRON 4:12

IRNAHASH 1ST CHRON 4:12

22

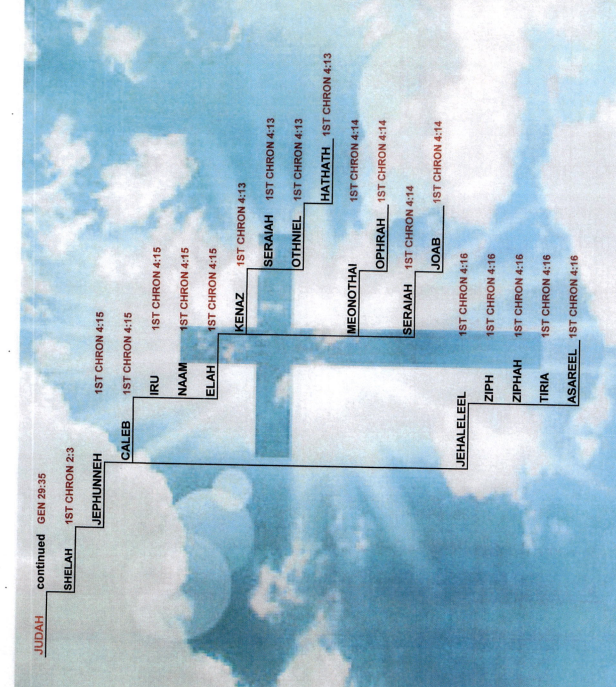

JUDAH continued GEN 29:35

SHELAH 1ST CHRON 2:3

JEPHUNNEH

CALEB

IRU 1ST CHRON 4:15
NAAM 1ST CHRON 4:15
ELAH 1ST CHRON 4:15

KENAZ 1ST CHRON 4:13
SERAIAH 1ST CHRON 4:13
OTHNIEL 1ST CHRON 4:13
HATHATH 1ST CHRON 4:13

MEONOTHAI 1ST CHRON 4:14
OPHRAH 1ST CHRON 4:14

SERAIAH 1ST CHRON 4:14
JOAB 1ST CHRON 4:14

JEHALELEEL

ZIPH 1ST CHRON 4:16
ZIPHAH 1ST CHRON 4:16
TIRIA 1ST CHRON 4:16
ASAREEL 1ST CHRON 4:16

23

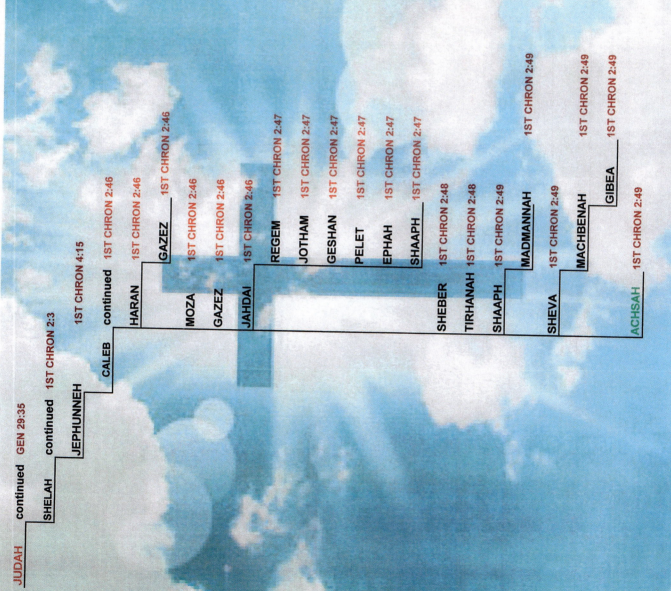

JUDAH continued GEN 29:35

SHELAH continued 1ST CHRON 2:3

JEPHUNNEH 1ST CHRON 4:15

CALEB continued 1ST CHRON 2:3

HARAN 1ST CHRON 2:46

MOZA 1ST CHRON 2:46

GAZEZ 1ST CHRON 2:46

GAZEZ 1ST CHRON 2:46

JAHDAI 1ST CHRON 2:46

REGEM 1ST CHRON 2:47

JOTHAM 1ST CHRON 2:47

GESHAN 1ST CHRON 2:47

PELET 1ST CHRON 2:47

EPHAH 1ST CHRON 2:47

SHAAPH 1ST CHRON 2:47

SHEBER 1ST CHRON 2:48

TIRHANAH 1ST CHRON 2:48

SHAAPH 1ST CHRON 2:49

MADMANNAH 1ST CHRON 2:49

SHEVA 1ST CHRON 2:49

MACHBENAH 1ST CHRON 2:49

GIBEA 1ST CHRON 2:49

ACHSAH 1ST CHRON 2:49

24

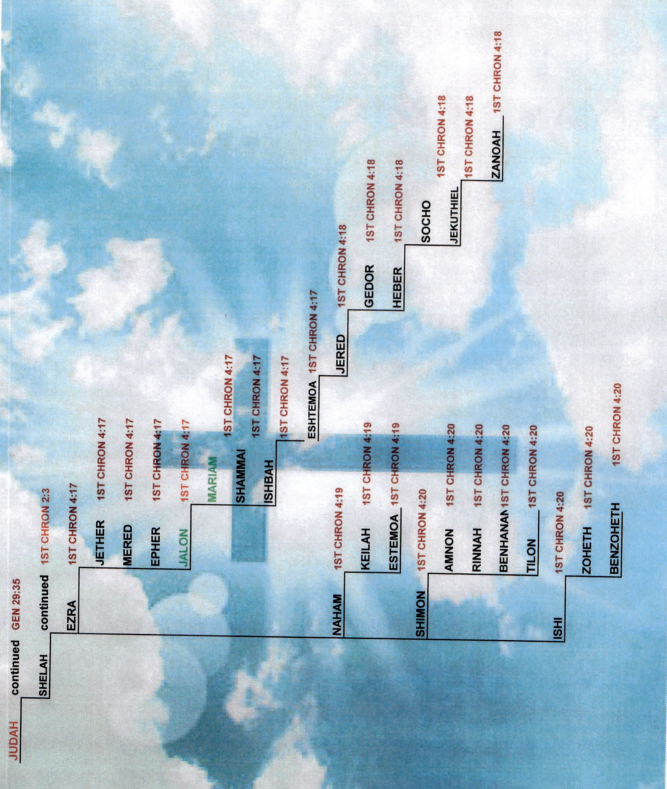

JUDAH continued GEN 29:35

SHELAH continued 1ST CHRON 2:3

EZRA 1ST CHRON 4:17

JETHER 1ST CHRON 4:17
MERED 1ST CHRON 4:17
EPHER 1ST CHRON 4:17
JALON 1ST CHRON 4:17

MARIAM 1ST CHRON 4:17
SHAMMAI 1ST CHRON 4:17
ISHBAH 1ST CHRON 4:17

ESHTEMOA 1ST CHRON 4:17

JERED 1ST CHRON 4:18

GEDOR 1ST CHRON 4:18
HEBER 1ST CHRON 4:18

SOCHO
JEKUTHIEL 1ST CHRON 4:18
  1ST CHRON 4:18
ZANOAH 1ST CHRON 4:18

NAHAM 1ST CHRON 4:19

KEILAH 1ST CHRON 4:19
ESTEMOA 1ST CHRON 4:19

SHIMON 1ST CHRON 4:20

AMNON 1ST CHRON 4:20
RINNAH 1ST CHRON 4:20
BENHANAN 1ST CHRON 4:20
TILON 1ST CHRON 4:20

ISHI 1ST CHRON 4:20

ZOHETH 1ST CHRON 4:20
BENZOHETH 1ST CHRON 4:20

25

JUDAH | continued | GEN 29:35

ZERAH | 1ST CHRON 2:4

ZIMRI | 1ST CHRON 2:6

ETHAN | 1ST CHRON 2:6

AZARIAH | 1ST CHRON 2:8

HEMAN | 1ST CHRON 2:6

CALCOL | 1ST CHRON 2:6

DARA | 1ST CHRON 2:6

JEUEL | 1ST CHRON 9:6

ZABDI | JOSHUA 7:1

CARMI | JOSHUA 7:1

ACHAN | JOSHUA 7:1

HAMUL | GEN 46:12

26

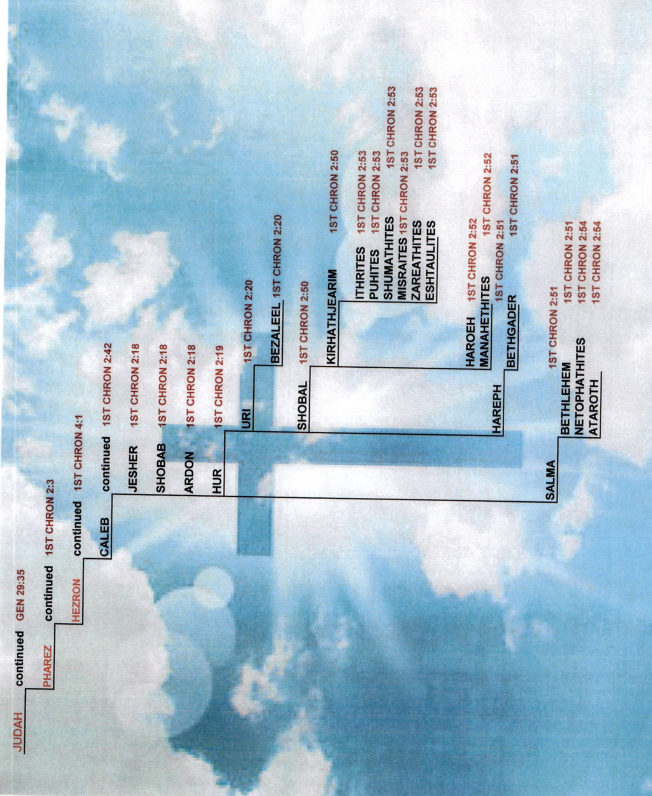

JUDAH

continued   GEN 29:35

PHAREZ   continued   1ST CHRON 2:3

HEZRON   continued   1ST CHRON 4:1

CALEB   continued   1ST CHRON 2:42

JESHER   1ST CHRON 2:18

SHOBAB   1ST CHRON 2:18

ARDON   1ST CHRON 2:18

HUR   1ST CHRON 2:19

URI   1ST CHRON 2:20

BEZALEEL   1ST CHRON 2:20

SHOBAL   1ST CHRON 2:50

KIRHATHJEARIM   1ST CHRON 2:50

ITHRITES   1ST CHRON 2:53
PUHITES   1ST CHRON 2:53
SHUMATHITES   1ST CHRON 2:53
MISRAITES   1ST CHRON 2:53
ZAREATHITES   1ST CHRON 2:53
ESHTAULITES   1ST CHRON 2:53

HAREPH

HAROEH   1ST CHRON 2:52
MANAHETHITES   1ST CHRON 2:52
    1ST CHRON 2:51

BETHGADER   1ST CHRON 2:51

SALMA

BETHLEHEM   1ST CHRON 2:51
NETOPHATHITES   1ST CHRON 2:54
ATAROTH   1ST CHRON 2:54
    1ST CHRON 2:54

27

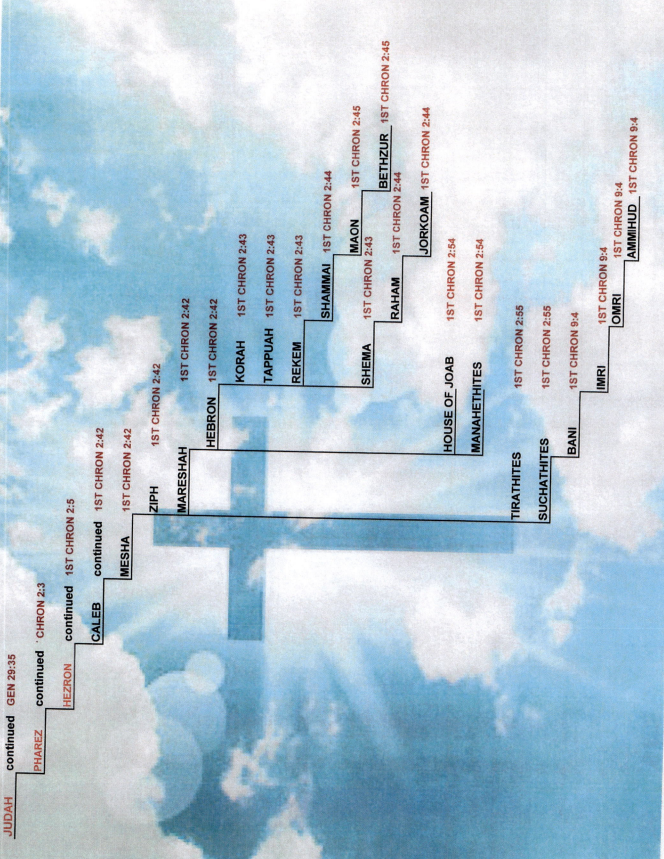

JUDAH continued GEN 29:35

PHAREZ continued CHRON 2:3

HEZRON continued 1ST CHRON 2:5

CALEB continued 1ST CHRON 2:42

MESHA 1ST CHRON 2:42

ZIPH 1ST CHRON 2:42

MARESHAH

HEBRON 1ST CHRON 2:42

KORAH 1ST CHRON 2:43

TAPPUAH 1ST CHRON 2:43

REKEM 1ST CHRON 2:43

SHAMMAI 1ST CHRON 2:44

MAON 1ST CHRON 2:45

BETHZUR 1ST CHRON 2:45

SHEMA 1ST CHRON 2:43

RAHAM 1ST CHRON 2:44

JORKOAM 1ST CHRON 2:44

HOUSE OF JOAB 1ST CHRON 2:54

MANAHETHITES 1ST CHRON 2:54

TIRATHITES

SUCHATHITES

BANI 1ST CHRON 2:55

1ST CHRON 2:55

1ST CHRON 9:4

IMRI 1ST CHRON 9:4

OMRI 1ST CHRON 9:4

AMMIHUD 1ST CHRON 9:4

28

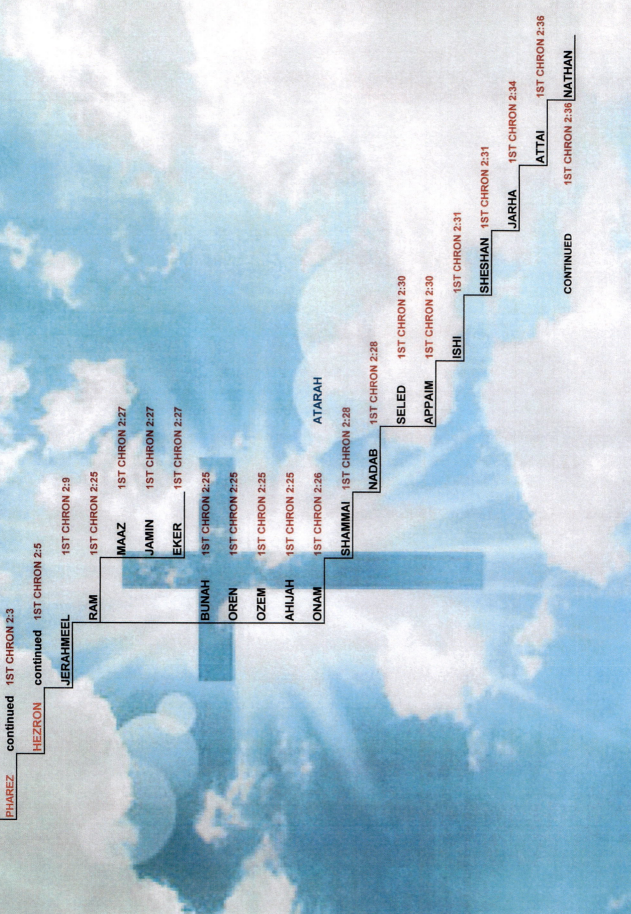

JUDAH continued GEN 29:35

PHAREZ continued 1ST CHRON 2:3

HEZRON continued 1ST CHRON 2:5

JERAHMEEL

RAM 1ST CHRON 2:9

MAAZ 1ST CHRON 2:27

JAMIN 1ST CHRON 2:27

EKER 1ST CHRON 2:27

1ST CHRON 2:25

BUNAH 1ST CHRON 2:25

OREN 1ST CHRON 2:25

OZEM 1ST CHRON 2:25

AHIJAH 1ST CHRON 2:25

ONAM 1ST CHRON 2:26

SHAMMAI 1ST CHRON 2:28

ATARAH

NADAB 1ST CHRON 2:28

SELED 1ST CHRON 2:30

APPAIM 1ST CHRON 2:30

ISHI 1ST CHRON 2:31

SHESHAN 1ST CHRON 2:31

JARHA 1ST CHRON 2:34

ATTAI 1ST CHRON 2:36

NATHAN 1ST CHRON 2:36

CONTINUED

29

JUDAH continued GEN 29:35

PHAREZ continued 1ST CHRON 2:3

HEZRON continued 1ST CHRON 2:5

NATHAN continued 1ST CHRON 2:36

ZABAD 1ST CHRON 2:36

EPHLAL 1ST CHRON 2:37

OBED 1ST CHRON 2:37

JEHU 1ST CHRON 2:38

AZARIAH 1ST CHRON 2:38

HELEZ 1ST CHRON 2:39

ELEASAH 1ST CHRON 2:39

SISAMAI 1ST CHRON 2:40

SHALLUM 1ST CHRON 2:40

30

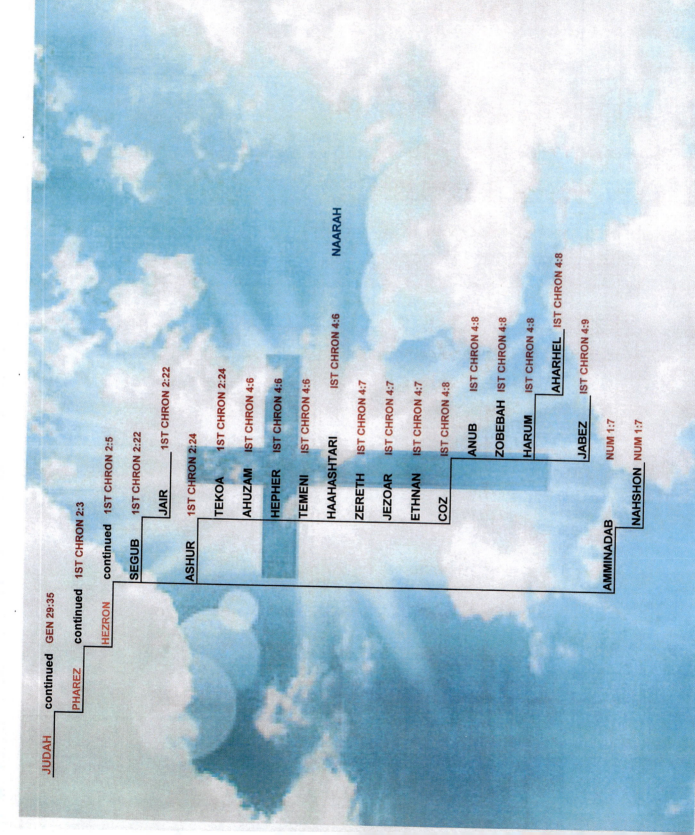

JUDAH
continued   GEN 29:35

PHAREZ   continued   1ST CHRON 2:3

HEZRON   continued   1ST CHRON 2:5

SEGUB   1ST CHRON 2:22

JAIR   1ST CHRON 2:22

ASHUR   1ST CHRON 2:24

TEKOA   1ST CHRON 2:24

AHUZAM   1ST CHRON 4:6

HEPHER   1ST CHRON 4:6

TEMENI   1ST CHRON 4:6

HAAHASHTARI   1ST CHRON 4:6

ZERETH   1ST CHRON 4:7

JEZOAR   1ST CHRON 4:7

ETHNAN   1ST CHRON 4:7

COZ   1ST CHRON 4:8

ANUB   1ST CHRON 4:8

ZOBEBAH   1ST CHRON 4:8

HARUM   1ST CHRON 4:8

AHARHEL   1ST CHRON 4:8

JABEZ   1ST CHRON 4:9

AMMINADAB

NAHSHON   NUM 1:7

NUM 1:7

NAARAH

31

JUDAH continued GEN 29:35

PHAREZ continued 1ST CHRON 2:3

HEZRON continued 1ST CHRON 2:5

JERAHMEEL 1ST CHRON 2:9

ONAM 1ST CHRON 2:26

JADA 1ST CHRON 2:28

JETHER 1ST CHRON 2:32

JONATHAN 1ST CHRON 2:32

PELETH 1ST CHRON 2:33

ZAZA 1ST CHRON 2:33

32

JUDAH *continued* GEN 29:35

PHAREZ 1ST CHRON 2:3

HEZRON *continued* 1ST CHRON 2:35

RAM 1ST CHRON 2:9

AMMINADAB 1ST CHRON 2:10

NASHON 1ST CHRON 2:10

SALMA 1ST CHRON 2:11

BOAZ 1ST CHRON 2:11

OBED 1ST CHRON 2:12

JESSE 1ST CHRON 2:12

continued 1ST CHRON 2:12

ELIAB 1ST CHRON 2:13

ABINADAB 1ST CHRON 2:13

SHIMMA 1ST CHRON 2:13

NETHANEEL 1ST CHRON 2:14

RADDAI 1ST CHRON 2:14

OZEM 1ST CHRON 2:15

DAVID 1ST CHRON 2:15

continued

ZERUJJAH 1ST CHRON 2:15

ABISHAI 1ST CHRON 2:16

JOAB 1ST CHRON 2:16

ASAHEL 1ST CHRON 2:16

ABIGAIL 1ST CHRON 2:16

AMASA 1ST CHRON 2:17

33

JESSE

continued   1ST CHRON 2:12

DAVID   continued   1ST CHRON 2:15

AMNON   1ST CHRON 3:1

DANIEL   1ST CHRON 3:1

ABSALOM   1ST CHRON 3:1

ADONIJAH   1ST CHRON 3:2

SHEPHATIAH   1ST CHRON 3:3

ITHREAM   1ST CHRON 3:3

SHAMMUA   1ST CHRON 3:5

SHOBAB   1ST CHRON 3:5

NATHAN   continued   1ST CHRON 3:5

BABY   2ND SAM 12:15

SOLOMON   continued   1ST CHRON 3:5

IBHAR   1ST CHRON 3:6

ELISHUA   1ST CHRON 3:6

ELIPHALET   1ST CHRON 3:6

NOGAH   1ST CHRON 3:7

NEPHEG   1ST CHRON 3:7

JAPHIA   1ST CHRON 3:7

ELISHAMA   1ST CHRON 3:8

ELIADA   1ST CHRON 3:8

ELIPHALET   2 SAM 5:13-16

TAMAR   1ST CHRON 3:9

34

JESSE continued 1ST CHRON 2:12

DAVID continued 1ST CHRON 2:15

SOLOMON continued 1ST CHRON 3:5

REHOBOAM 1 CHRON 3:10

ABIA 1 CHRON 3:10

ASA 1 CHRON 3:10

JEHOSHAPHAT 1 CHRON 3:10

AZARIAH 2 CHRON 21:2

JEHIEL 2 CHRON 21:2

ZECHARIAH 2 CHRON 21:2

AZARIAH 2 CHRON 21:2

MICHAEL 2 CHRON 21:2

SHEPHATIAH 2 CHRON 21:2

JEHORAM 1 CHRON 3:11

AHAZIAH 1 CHRON 3:11

JOHOASH 1 CHRON 3:11

AMAZIAH 1 CHRON 3:12

AZARIAH 1 CHRON 3:12

JOTHAM CHRON 3:12

AHAZ 2 KINGS 16:1 continued

JESSE continued 1ST CHRON 2:12

DAVID continued 1ST CHRON 2:15

SOLOMON continued 1ST CHRON 3:5

AHAZ continued 1 CHRON 3:13

HEZEKIAH 1 CHRON 3:13

MANASSEH 1 CHRON 3:13

AMON 1 CHRON 3:14

JOSIAH 1 CHRON 3:14

JOHANAN 1ST CHRON 3:15

SHALLUM 1ST CHRON 3:15

ZEDEKIAH 1ST CHRON 3:15

JEHOAKIM 1ST CHRON 3:15

JECONIAH 1ST CHRON 3:16

ZEDEKIAH 1ST CHRON 3:16

ASSIR 1ST CHRON 3:17

SHEATIEL 1ST CHRON 3:17

MALCHIRAM 1ST CHRON 3:18

SHENAZAR 1ST CHRON 3:18

JECAMIAH 1ST CHRON 3:18

HOSHAMA 1ST CHRON 3:18

NEDABIAH 1ST CHRON 3:18

PEDIAH 1ST CHRON 3:18

CONTINUED

36

JESSE
continued 1ST CHRON 2:12

DAVID
continued 1ST CHRON 2:15

PEDAIAH
continued 1ST CHRON 3:18

ZERUBBABEL 1ST CHRON 3:19

MESHULLAM 1ST CHRON 3:19
SHELOMITH 1ST CHRON 3:19
HASHUBAH 1ST CHRON 3:20
OHEL 1ST CHRON 3:20
BERECHIAH 1ST CHRON 3:20
HASADIAH 1ST CHRON 3:20
JUSHABHESED 1ST CHRON 3:20
HANANIAH 1ST CHRON 3:20
PELATIAH 1ST CHRON 3:21
JESAIAH 1ST CHRON 3:21
REPHAIAH 1ST CHRON 3:21
ARNAN 1ST CHRON 3:21
OBADIAH 1ST CHRON 3:21
SHECHANIAH 1ST CHRON 3:21
SHEMAIAH 1ST CHRON 3:22
IGEAL 1ST CHRON 3:22
BARIAH 1ST CHRON 3:22
SHAPHAT 1ST CHRON 3:22
NEARIAH 1ST CHRON 3:22
HEKEKIAH 1ST CHRON 3:22
AZRIKAM 1ST CHRON 3:22
ELIOENAI 1ST CHRON 3:22
HODAIAH 1ST CHRON 3:24
ELIASHIB 1ST CHRON 3:24
PELAIAH 1ST CHRON 3:24
AKKUB 1ST CHRON 3:24
JOHANAN 1ST CHRON 3:24
DALAIAH 1ST CHRON 3:24
ANANI 1ST CHRON 3:24

37

Matthew Genealogy

DAVID continued 1ST CHRON 2:15
PEDAIAH continued 1ST CHRON 3:18
ZERUBBABE continued CHRON 3:19
ABIUD MATT 1:12
ELIAKIM MATT 1:13
AZOR MATT 1:13
SADOC MATT 1:14
ACHIM MATT 1:14
ELIUD MATT 1:14
ELEAZAR MATT 1:15
MATTHAN MATT 1:15
JACOB MATT 1:10
JOSEPH MATT 1:16
JESUS MATT 1:16
MATT 1:16

LUKE GENEALOGY OF JESUS FROM DAVID

JUDAH

continued   GEN 29:35

DAVID

continued   LUKE 3:31

NATHAN   LUKE 3:31

MATTATHA   LUKE 3:31

MENAN   LUKE 3:31

MELEA   LUKE 3:31

ELIAKIM   LUKE 3:30

JONAN   LUKE 3:30

JOSEPH   LUKE 3:30

JUDA   LUKE 3:30

SIMEON   LUKE 3:30

LEVI   LUKE 3:29

MATTHAT   LUKE3:29

CONTINUED   LUKE3:29

LUKE GENEALOGY OF JESUS

MATTHAT

continued

JORIM LUKE 3:29

ELIEZER LUKE 3:29

JOSE LUKE 3:29

ER LUKE 3:29

ELMODAM LUKE 3:28

COSAM LUKE 3:28

ADDI LUKE 3:28

MELCHI LUKE 3:28

NERI LUKE 3:29

SHEALTIEL LUKE 3:27

ZERUBBABEL LUKE 3:27

RHESA LUKE 3:26

LUKE 3:27

continued

RHESA

continued LUKE 3:27

JOANNA LUKE 3:27

JUDAH LUKE 3:26

JOSEPH LUKE 3:26

SEMEI LUKE 3:26

MATTATHIAS LUKE 3:26

MAATH LUKE 3:26

NAGGAI LUKE 3:26

ESLI LUKE 3:25

NAHUM LUKE 3:25

AMOS LUKE 3:25

MATTATHIAS LUKE 3:25

JOSEPH LUKE 3:24

JANNA LUKE 3:24

continued

41

LUKE GENEALOGY OF JESUS FROM DAVID

JANNA

continued   LUKE 3:24

MELCHI   LUKE 3:24

LEVI   LUKE 3:24

MATTHAT   LUKE 3:24

HELI   LUKE 3:23

JOSEPH   LUKE 3:23

JESUS   LUKE 23

42

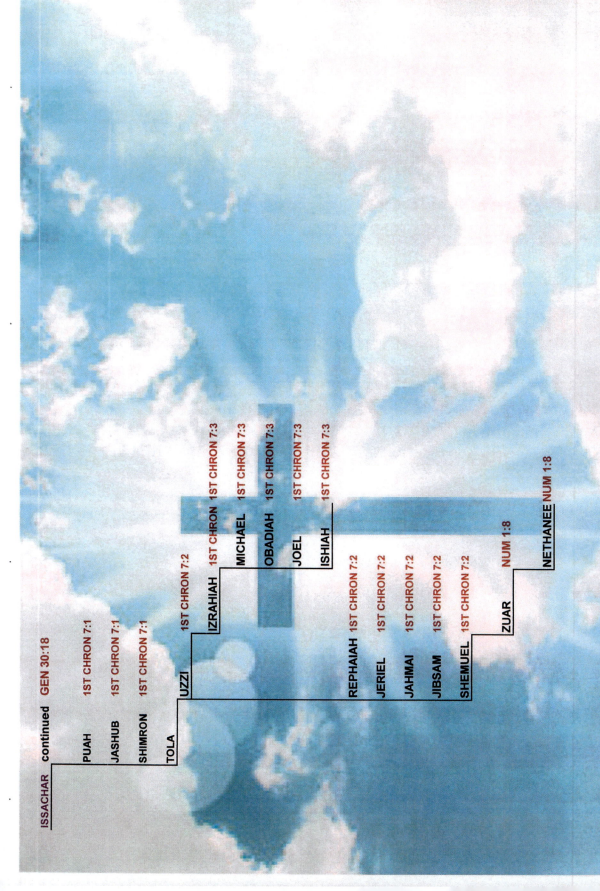

ISSACHAR continued GEN 30:18

PUAH 1ST CHRON 7:1
JASHUB 1ST CHRON 7:1
SHIMRON 1ST CHRON 7:1
TOLA

UZZI 1ST CHRON 7:2

IZRAHIAH 1ST CHRON 1ST CHRON 7:3

MICHAEL 1ST CHRON 7:3
OBADIAH 1ST CHRON 7:3
JOEL 1ST CHRON 7:3
ISHIAH 1ST CHRON 7:3

REPHAIAH 1ST CHRON 7:2
JERIEL 1ST CHRON 7:2
JAHMAI 1ST CHRON 7:2
JIBSAM 1ST CHRON 7:2
SHEMUEL 1ST CHRON 7:2

ZUAR NUM 1:8

NETHANEE NUM 1:8

43

ZEBULUN continued GEN 46:14

SERED GEN 46:14

ELON GEN 46:14

JAHLEEL GEN 46:14

HELON NUM 1:9

ELIAB NUM 1:9

DAN   continued   GEN 46:14

HUSHIM   GEN 46:23

45

NAPHTALI   continued   CHRON 7:13

JAHZIEL   1ST CHRON 7:13

GUNI   1ST CHRON 7:13

JEZER   1ST CHRON 7:13

SHALLUM   1ST CHRON 7:13

46

GAD continued GEN 30:11

ZIPHION GEN 46:16

HAGGI GEN 46:16

SHUNI GEN 46:16

EZBON GEN 46:16

ERI GEN 46:16

ARODI GEN 46:16

ARELI GEN 46:16

GAD   continued   GEN 30:11

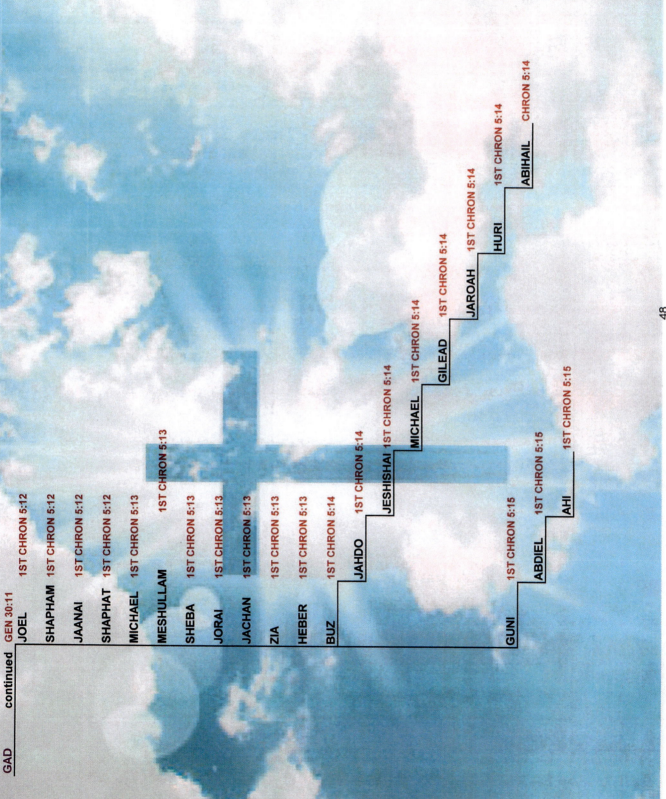

JOEL   1ST CHRON 5:12
SHAPHAM   1ST CHRON 5:12
JAANAI   1ST CHRON 5:12
SHAPHAT   1ST CHRON 5:12
MICHAEL   1ST CHRON 5:13
MESHULLAM   1ST CHRON 5:13
SHEBA   1ST CHRON 5:13
JORAI   1ST CHRON 5:13
JACHAN   1ST CHRON 5:13
ZIA   1ST CHRON 5:13
HEBER   1ST CHRON 5:13
BUZ   1ST CHRON 5:14
JAHDO   1ST CHRON 5:14
JESHISHAI   1ST CHRON 5:14
MICHAEL   1ST CHRON 5:14
GILEAD   1ST CHRON 5:14
JAROAH   1ST CHRON 5:14
HURI   1ST CHRON 5:14
ABIHAIL   CHRON 5:14

GUNI   1ST CHRON 5:15
ABDIEL   1ST CHRON 5:15
AHI   1ST CHRON 5:15

ASHER   continued   GEN 30:13

IMNAH   1ST CHRON 7:30

ISUAH   1ST CHRON 7:30

ISUI   1ST CHRON 7:30

SARAH   1ST CHRON 7:30

BERIAH   1ST CHRON 7:30

MALCHIEL   GEN 46:17

BIRZAVITH   1ST CHRON 7:31

HEBER   CHRON 7:31

JAPHLET   1ST CHRON 7:32

PASACH   1ST CHRON 7:33

BIMHAL   1ST CHRON 7:33

ASHVATH   1ST CHRON 7:33

SHOMER   1ST CHRON 7:32

AHI   1ST CHRON 7:34

ROHGAH   1ST CHRON 7:34

JEHUBBAH   1ST CHRON 7:34

ARAM   1ST CHRON 7:34

SHUA   1ST CHRON 7:32

HOTHAM   1ST CHRON 7:32

HELEM   1ST CHRON 7:35

IMNA   1ST CHRON 7:35

SHELESH   1ST CHRON 7:35

49

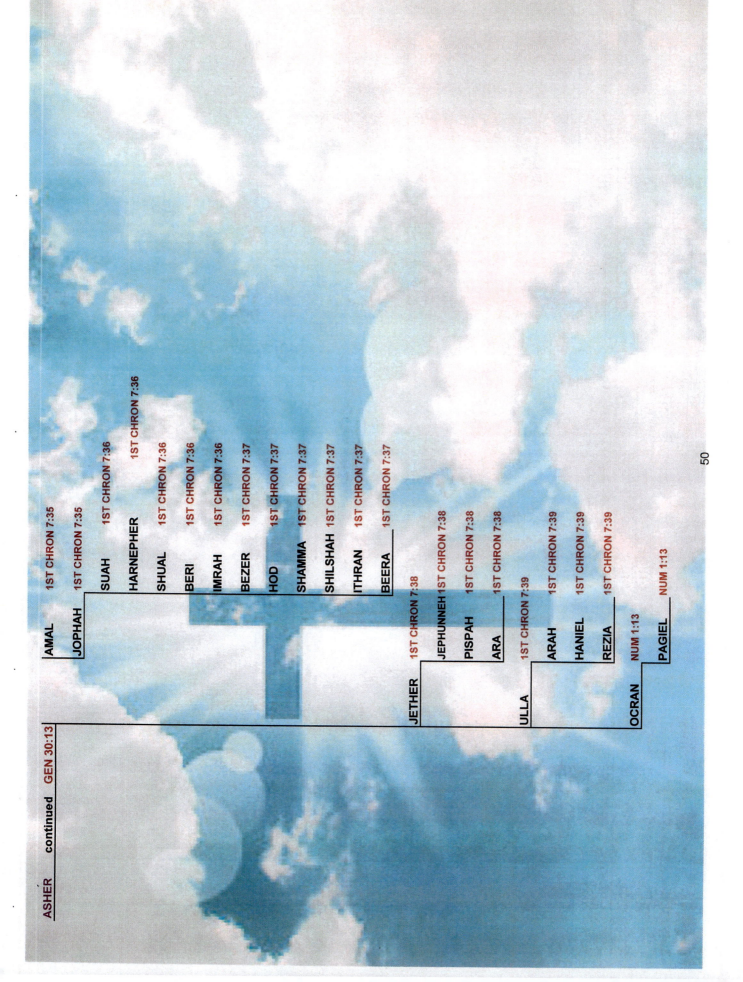

ASHER   continued   GEN 30:13

AMAL   1ST CHRON 7:35
JOPHAH   1ST CHRON 7:35

SUAH   1ST CHRON 7:36
HARNEPHER   1ST CHRON 7:36
SHUAL   1ST CHRON 7:36
BERI   1ST CHRON 7:36
IMRAH   1ST CHRON 7:36
BEZER   1ST CHRON 7:37
HOD   1ST CHRON 7:37
SHAMMA   1ST CHRON 7:37
SHILSHAH   1ST CHRON 7:37
ITHRAN   1ST CHRON 7:37
BEERA   1ST CHRON 7:37

JETHER   1ST CHRON 7:38
JEPHUNNEH 1ST CHRON 7:38
PISPAH   1ST CHRON 7:38
ARA   1ST CHRON 7:38

ULLA   1ST CHRON 7:39
ARAH   1ST CHRON 7:39
HANIEL   1ST CHRON 7:39
REZIA   1ST CHRON 7:39

OCRAN   NUM 1:13
PAGIEL   NUM 1:13

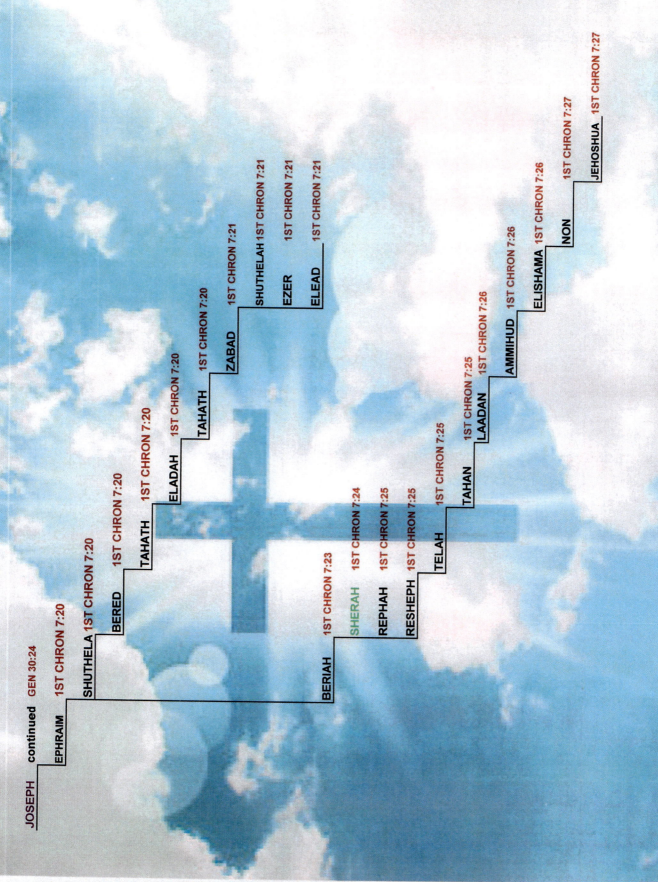

JOSEPH continued GEN 30:24

EPHRAIM 1ST CHRON 7:20

SHUTHELA 1ST CHRON 7:20

BERED 1ST CHRON 7:20

TAHATH 1ST CHRON 7:20

ELADAH 1ST CHRON 7:20

TAHATH 1ST CHRON 7:20

ZABAD 1ST CHRON 7:20

SHUTHELAH 1ST CHRON 7:21

EZER 1ST CHRON 7:21

ELEAD 1ST CHRON 7:21

BERIAH 1ST CHRON 7:23

SHERAH 1ST CHRON 7:24

REPHAH 1ST CHRON 7:25

RESHEPH 1ST CHRON 7:25

TELAH 1ST CHRON 7:25

TAHAN 1ST CHRON 7:25

LAADAN 1ST CHRON 7:26

AMMIHUD 1ST CHRON 7:26

ELISHAMA 1ST CHRON 7:26

NON 1ST CHRON 7:27

JEHOSHUA 1ST CHRON 7:27

51

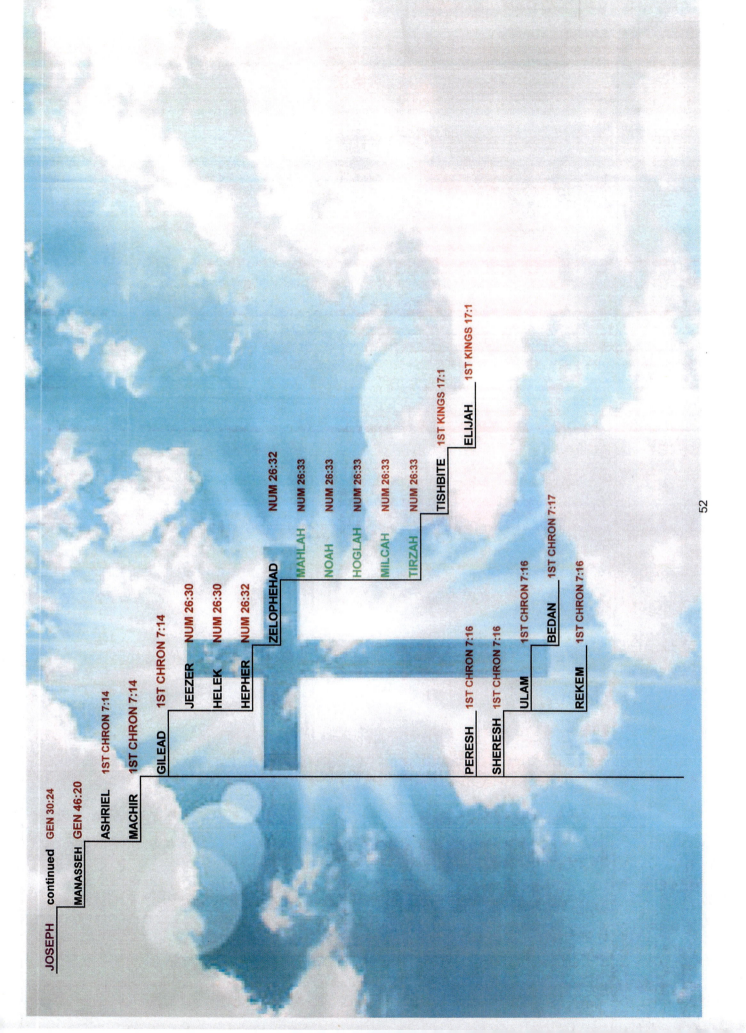

JOSEPH   continued   GEN 30:24

MANASSEH   GEN 46:20

ASHRIEL   1ST CHRON 7:14

MACHIR   1ST CHRON 7:14

GILEAD   1ST CHRON 7:14

JEEZER   NUM 26:30

HELEK   NUM 26:30

HEPHER   NUM 26:32

ZELOPHEHAD

MAHLAH   NUM 26:33

NOAH   NUM 26:33

HOGLAH   NUM 26:33

MILCAH   NUM 26:33

TIRZAH   NUM 26:33

NUM 26:32

TISHBITE

ELIJAH   1ST KINGS 17:1   1ST KINGS 17:1

PERESH   1ST CHRON 7:16

SHERESH   1ST CHRON 7:16

ULAM   1ST CHRON 7:16

BEDAN   1ST CHRON 7:17

REKEM   1ST CHRON 7:16

52

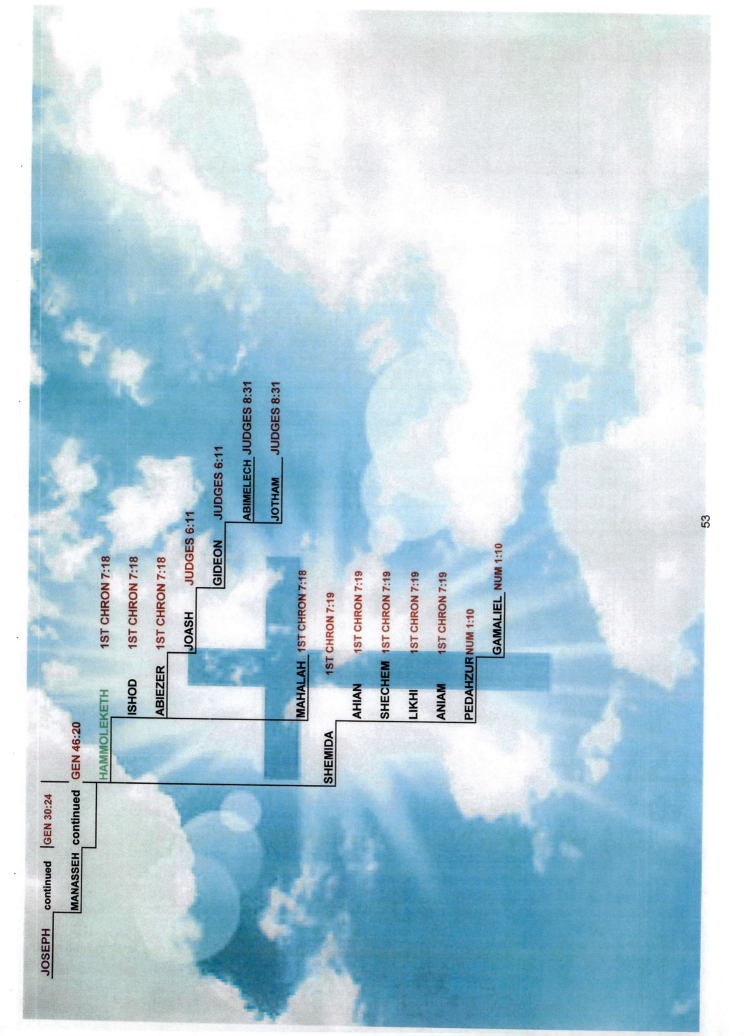

JOSEPH continued | GEN 30:24

MANASSEH continued

HAMMOLEKETH GEN 46:20

ISHOD 1ST CHRON 7:18

ABIEZER 1ST CHRON 7:18

JOASH 1ST CHRON 7:18

GIDEON JUDGES 6:11

ABIMELECH JUDGES 8:31

JOTHAM JUDGES 8:31

MAHALAH 1ST CHRON 7:18

SHEMIDA

AHIAN 1ST CHRON 7:19

SHECHEM 1ST CHRON 7:19

LIKHI 1ST CHRON 7:19

ANIAM 1ST CHRON 7:19

PEDAHZUR NUM 1:10

GAMALIEL NUM 1:10

53

BENJAMIN CONTINUED GEN 35:18

EHI GEN 46:21

AHARAH 1ST CHRON 8:1

NOHAH 1ST CHRON 8:2

RAPHA 1ST CHRON 8:2

BELA 1 CHRON 8:1

ADDAR 1ST CHRON 8:3

GERA 1ST CHRON 8:3

ABIHUD 1ST CHRON 8:3

ABISHUA 1ST CHRON 8:4

NAAMAN 1ST CHRON 8:4

AHOAH 1ST CHRON 8:4

GERA 1ST CHRON 8:5

HURAM 1ST CHRON 8:5

EZBON 1ST CHRON 7:7

UZZI 1ST CHRON 7:7

UZZIEL 1ST CHRON 7:7

JERIMOTH 1ST CHRON 7:7

IRI 1ST CHRON 7:7

SHUPPIM 1ST CHRON 7:12

HUPPIM 1ST CHRON 7:12

54

BENJAMIN continued GEN 35:18

BECHER 1ST CHRON 7:6

ZEMIRA 1ST CHRON 7:8

JOASH 1ST CHRON 7:8

ELIEZER 1ST CHRON 7:8

ELIOENAI 1ST CHRON 7:8

OMRI 1ST CHRON 7:8

JERIMOTH 1ST CHRON 7:8

ABIAH 1ST CHRON 7:8

ANATHOTH 1ST CHRON 7:8

ALAMETH 1ST CHRON 7:8

55

BENJAMIN continued GEN 35:18

ASHBEL GEN 46:21

JEDIAL 1 CHRON 7:6

BILHAN 1ST CHRON 7:10

JEUSH 1ST CHRON 7:10

BENJAMIN 1ST CHRON 7:10

CHENAANAH 1ST CHRON 7:10

ZETHAN 1ST CHRON 7:10

THARSHISH 1ST CHRON 7:10

ASISHAHAR 1ST CHRON 7:10

EHUD 1ST CHRON 7:10

1ST CHRON 8:6

NAAMAN 1ST CHRON 8:7

AHIAH 1ST CHRON 8:7

GERA 1ST CHRON 8:7

UZZA 1ST CHRON 8:7

AHIHUD 1ST CHRON 8:7

SHAHARAIM 1ST CHRON 8:8

JOBAB 1ST CHRON 8:9

ZIBIA 1ST CHRON 8:9

MESHA 1ST CHRON 8:9

MALCHAM 1ST CHRON 8:9

JEUZ 1ST CHRON 8:10

SCHACHIA 1ST CHRON 8:10

MIRMA 1ST CHRON 8:10

BENJAMIN continued GEN 35:18   continued from previous page

ASHBEL GEN 46:21   JEDIAL 1 CHRON 7:6   ABITUB 1ST CHRON 8:11   ELPAAL 1ST CHRON 8:11

EBER 1ST CHRON 8:12
MISHAM 1ST CHRON 8:12
SHAMED 1ST CHRON 8:12
ZEBADIAH 1ST CHRON 8:17
MESHULLAM 1ST CHRON 8:17
HEZEKI 1ST CHRON 8:17
HEBER 1ST CHRON 8:17
ISHMERAI 1ST CHRON 8:18
JEZLIAH 1ST CHRON 8:18
JOBAB 1ST CHRON 8:18
BERIAH 1ST CHRON 8:13

AHIO 1ST CHRON 8:14
JEREMOTH 1ST CHRON 8:14
SHASHAK 1ST CHRON 8:14
ARAD 1ST CHRON 8:15
ZEBADIAH 1ST CHRON 8:15
MICHAEL 1ST CHRON 8:16
ISPAH 1ST CHRON 8:16
JOHA 1ST CHRON 8:16
SHASHAK 1ST CHRON 8:14

ISHPAN 1ST CHRON 8:22
HEBER 1ST CHRON 8:22
ELIEL 1ST CHRON 8:22
ABDON 1ST CHRON 8:23
ZICHRI 1ST CHRON 8:23
HANAN 1ST CHRON 8:23
HANAHNIAH 1ST CHRON 8:24
ELAM 1ST CHRON 8:24
ANTOTHIJAH 1ST CHRON 8:24
IPHEDEIAH 1ST CHRON 8:25
PENUEL 1ST CHRON 8:25

SHIMHI 1ST CHRON 8:21

JAKIM 1ST CHRON 8:19
ZICHRI 1ST CHRON 8:19
ZABDI 1ST CHRON 8:20
ELIENAI 1ST CHRON 8:20
ZILTHAI 1ST CHRON 8:20
ELIEL 1ST CHRON 8:21
BERIAH 1ST CHRON 8:21
SHIMRATH 1ST CHRON 8:21
ADAIAH 1ST CHRON 8:21

57

BENJAMIN continued GEN 35:18

ASHBEL GEN 46:21

JEDIAL 1 CHRON 7:6

JEROHAM 1ST CHRON 8:27

SHAMSHERAI 1ST CHRON 8:26

SHEHARIAH 1ST CHRON 8:26

ATHALIAH 1ST CHRON 8:26

JARESIAH 1ST CHRON 8:27

ELIAH 1ST CHRON 8:27

ZICHRI 1ST CHRON 8:27

58

BENJAMIN CONTINUED GEN 35:18

ASHBEL GEN 46:21

JEDIAL 1 CHRON 7:6

JEHIEL 1ST CHRON 9:35

GIBEON 1ST CHRON 9:35

ABDON 1ST CHRON 9:36

ZUR 1ST CHRON 9:36

KISH 1ST CHRON 9:36

BAAL 1ST CHRON 9:36

NADAB 1ST CHRON 9:36

GEDOR 1ST CHRON 9:37

AHIO 1ST CHRON 9:37

ZECHARIAH 1ST CHRON 9:37

MIKLOTH 1ST CHRON 9:37

SHIMEAM 1ST CHRON 9:38

ABIEL 1ST SAMUEL 14:51

ABNER 1ST SAMUEL 14:51

NER 1ST CHRON 9:36

KISH 1ST CHRON 9:39

SAUL CONTINUED 1ST CHRON 9:39

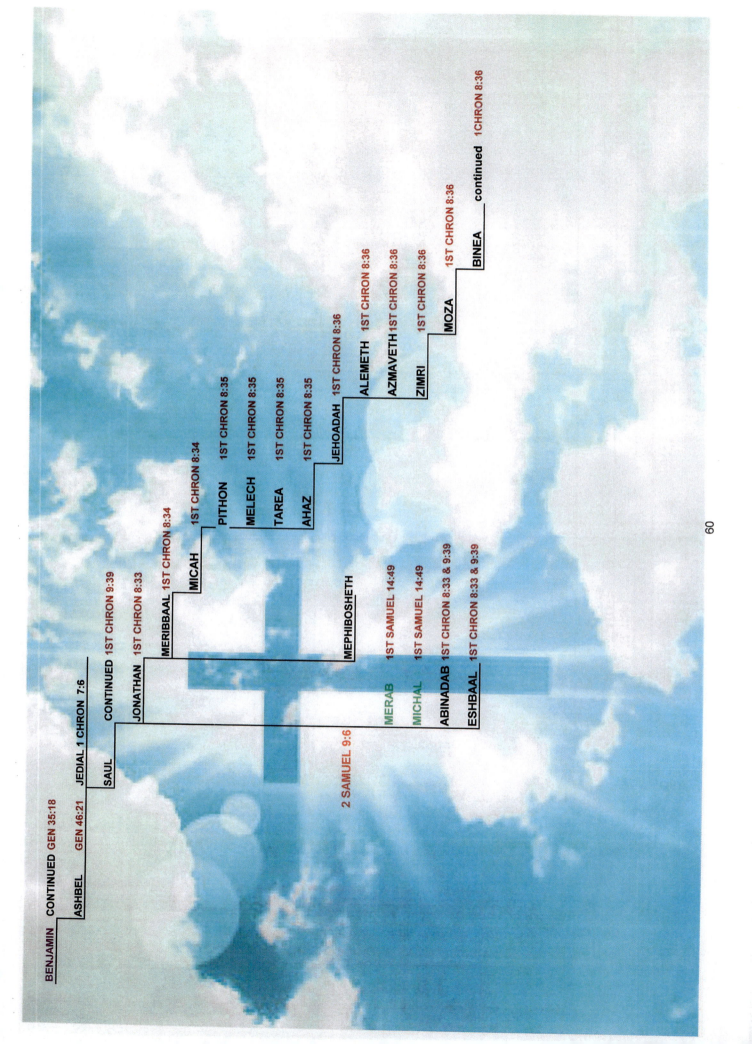

BENJAMIN CONTINUED GEN 35:18

ASHBEL GEN 46:21

JEDIAL 1 CHRON 7:6

SAUL

CONTINUED 1ST CHRON 9:39

JONATHAN 1ST CHRON 8:33

MERIBBAAL 1ST CHRON 8:34

MICAH 1ST CHRON 8:34

PITHON 1ST CHRON 8:35

MELECH 1ST CHRON 8:35

TAREA 1ST CHRON 8:35

AHAZ 1ST CHRON 8:35

JEHOADAH 1ST CHRON 8:36

ALEMETH 1ST CHRON 8:36

AZMAVETH 1ST CHRON 8:36

ZIMRI 1ST CHRON 8:36

MOZA 1ST CHRON 8:36

BINEA 1ST CHRON 8:36 continued 1CHRON 8:36

MEPHIBOSHETH 2 SAMUEL 9:6

MERAB 1ST SAMUEL 14:49

MICHAL 1ST SAMUEL 14:49

ABINADAB 1ST CHRON 8:33 & 9:39

ESHBAAL 1ST CHRON 8:33 & 9:39

60

BENJAMIN CONTINUED GEN 35:18

ASHBEL GEN 46:21

JEDIAL 1 CHRON 7:6

BINEA CONTINUED 1ST CHRON 8:37

RAPHA 1ST CHRON 8:37 & 9:43

ELEASAH 1ST CHRON 8:37 & 9:43

AZEL 1ST CHRON 8:37 & 9:43

AZRIKAM 1ST CHRON 8:38 & 9:44

BOCHERU 1ST CHRON 8:38 & 9:44

ISHMAEL 1ST CHRON 8:38 & 9:44

SHEARIAH 1ST CHRON 8:38 & 9:44

OBADIAH 1ST CHRON 8:38 & 9:44

HANAN 1ST CHRON 8:38 & 9:44

ESHEK 1ST CHRON 8:39

JEHUSH 1ST CHRON 8:39

ELIPHELET 1ST CHRON 8:39

ULAM 1ST CHRON 8:39

KINGS OF ISRAEL

NEBAT
1ST KINGS 11:26 JEROBOAM
1ST KINGS 11:26 NADAB
1ST KINGS 15:25 BAASHA
1ST KINGS 15:27 ELAH
1ST KINGS 16:8 ZIMRI
1ST KINGS 16:10 OMRI
1ST KINGS 16:21 AHAB
1ST KINGS 16:28 AHAZIAH
1ST KINGS 22:51 JEHORAM
2ND KINGS 3:1 NIMSHI
2ND KINGS 9:2 JEHOSHAPHAT
2ND KINGS 9:2 JEHU
2ND KINGS 13:1 JEHOAHAZ
2ND KINGS 9:2

62

KINGS OF ISRAEL

JEHOAHAZ 2ND KINGS 13:1

JEHOASH 2ND KINGS 13:10

JEROBOAM 2ND KINGS 14:23

ZACHARIAH 2ND KINGS 15:8

SHALLUM 2ND KINGS 15:13

MENAHEM 2ND KINGS 15:17

PEKAHIAH 2ND KINGS 15:23

PEKAH 2ND KINGS 15:27

HOSEA 2ND KINGS 17:1

63

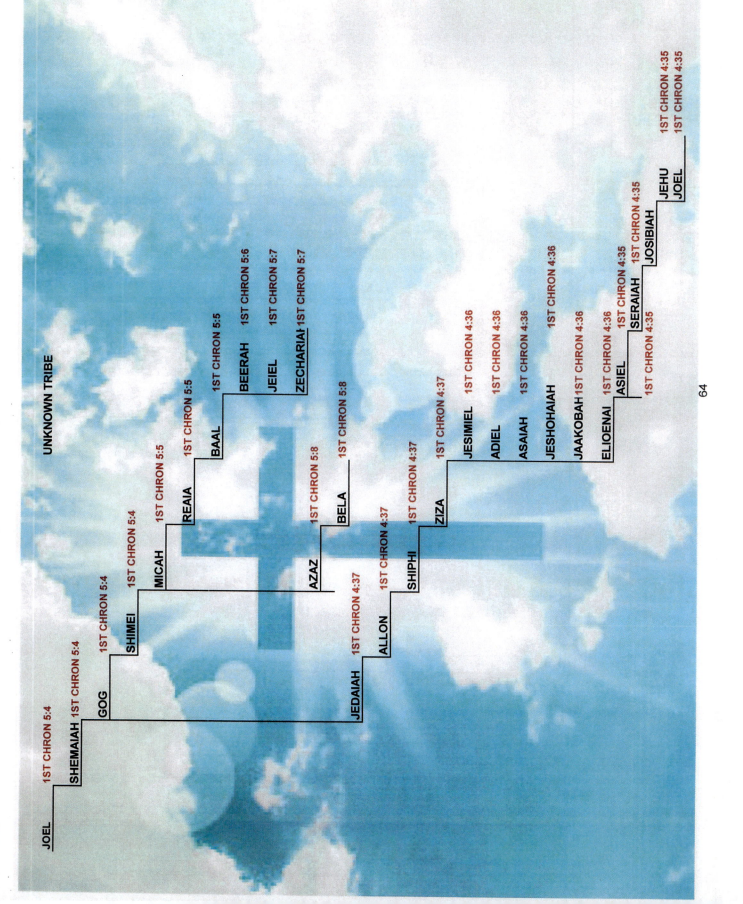

UNKNOWN TRIBE

JOEL

SHEMAIAH 1ST CHRON 5:4

1ST CHRON 5:4

GOG 1ST CHRON 5:4

SHIMEI 1ST CHRON 5:4

MICAH 1ST CHRON 5:5

REAIA 1ST CHRON 5:5

BAAL 1ST CHRON 5:5

BEERAH 1ST CHRON 5:6

JEIEL 1ST CHRON 5:7

ZECHARIAI 1ST CHRON 5:7

AZAZ 1ST CHRON 5:8

BELA 1ST CHRON 5:8

JEDAIAH 1ST CHRON 4:37

ALLON 1ST CHRON 4:37

SHIPHI 1ST CHRON 4:37

ZIZA 1ST CHRON 4:37

JESIMIEL 1ST CHRON 4:36

ADIEL 1ST CHRON 4:36

ASAIAH 1ST CHRON 4:36

JESHOHAIAH 1ST CHRON 4:36

JAAKOBAH 1ST CHRON 4:36

ELIOENAI 1ST CHRON 4:36

ASIEL 1ST CHRON 4:35

SERAIAH 1ST CHRON 4:35

JOSIBIAH 1ST CHRON 4:35

JEHU 1ST CHRON 4:35

JOEL 1ST CHRON 4:35

64

From Adam to Christ Time Line

Bible Reference	EVENT/PERSON	YEARS		BC	(OTHER BIBLE EVENTS)
GEN 5:3	ADAM WAS 130 WHEN SETH WAS BORN	130	105	3895	Adjustment of 15 years
GEN 5:6	SETH WAS 105 WHEN ENOS WAS BORN	105	210	3790	
GEN 5:9	ENOS WAS 90 WHEN CAINAAN WAS BORN	90	300	3700	
GEN 5:12	CAINAAN WAS 70 WHEN MAHALEEL WAS BORN	70	370	3630	
GEN 5:15	MAHALEEL WAS 65 WHEN JARED WAS BORN	65	435	3565	
GEN 5:18	JARED WAS 162 WHEN ENOCH WAS BORN	162	597	3403	
GEN 5:21	ENOCH WAS 65 WHEN METHUSELAH WAS BORN	65	662	3338	
GEN 5:25	METHUSELAH WAS 187 WHEN LAMECH WAS BORN	187	849	3151	
GEN 5:28	LAMECH WAS 182 WHEN NOAH WAS BORN	182	1031	2969	
GEN 5:32	NOAH WAS 500 WHEN SHEM WAS BORN	500	1531	2469	
GEN 11:10	SHEM WAS 100 WHEN ARPHAXAD WAS BORN	100	1631	2369	FLOOD 2350
GEN 11:12	ARPHAXAD WAS 35 WHEN SALAH WAS BORN	35	1666	2334	
GEN 11:14	SALAH WAS 30 WHEN EBER WAS BORN	30	1696	2304	
GEN 11:16	EBER WAS 34 WHEN PELEG WAS BORN	34	1730	2270	EARTH SEPERATED?
GEN 11:18	PELEG WAS 30 WHEN REU WAS BORN	30	1760	2240	
GEN 11:20	REU WAS 32 WHEN SERUG WAS BORN	32	1792	2208	
GEN 11:22	SERUG WAS 30 WHEN NAHOR WAS BORN	30	1822	2178	
GEN 11:24	NAHOR WAS 29 WHEN TERAH WAS BORN	29	1851	2149	
GEN 11:26	TERAH WAS 70 WHEN ABRAM WAS BORN	70	1921	2079	
GEN 21:5	ABRAM WAS 100 WHEN ISAAC WAS BORN	100	2021	1979	
GEN 25:26	ISAAC WAS 60 WHEN JACOB WAS BORN	60	2081	1919	

From Adam to Christ Time Line

Scripture	Event	Years		
GEN 37:2	JACOB	0	2081	1919
EXODUS 12:40-41	ISRAEL WAS IN EGYPT FOR 400 YEARS	400	2481	1519
EX 16:3, NUM 32:13 & NUM 14:33-34	ISRAEL WAS IN THE DESERT 40 YEARS	40	2521	1479
JUDGES 3:8	JUDAH (CALEB) SRAEL 8 YEARS	8	2529	1471
JUDGES 3:11	OTHNIEL JUDGED ISRAEL 40 YEARS	40	2569	1431
JUDGES 3:14	EGLON THE KING OF MOAB RULED ISRAEL 18 YEARS	18	2587	1413
JUDGES 3:21 & 30	EHUD KILLED EGLON AND JUDGED ISRAEL 80 YEARS	80	2667	1333
JUDGES 4:3	JABIN THE KING OF CANAAN RULED ISRAEL 20 YEARS	20	2687	1313
JUDGES 5:31	DEBORAH JUDGED ISRAEL 40 YEARS	40	2727	1273
JUDGES 6:1	MIDIAN RULED ISRAEL 7 YEARS	7	2734	1266
JUDGES 8:28	GIDEON JUDGED ISRAEL 40 YEARS	40	2774	1226
JUDGES 9:22	ABIMELECH RULED ISRAEL 3 YEARS	3	2777	1223
JUDGES 10:2	TOLA OF ISSACHAR JUDGED ISRAEL 23 YEARS	23	2800	1200
JUDGES 10:3	JAIR A GILEADITE JUDGED ISRAEL 22 YEARS	22	2822	1178
JUDGES 12:7	JEPHTHAH A GILEADITE JUDGED ISRAEL 6 YEARS	6	2828	1172
JUDGES 12:8-9	IBZAN OF BETHLEHEM JUDGED ISRAEL 7 YEARS	7	2835	1165
JUDGES 12:11	ELON A ZEBULUNITE JUDGED ISRAEL 10 YEARS	10	2845	1155
JUDGES 12:13-14	ABDON A PIRATHONITE JUDGED ISRAEL 8 YEARS	8	2853	1147
JUDGES 13:1	THE PHILISTINES RULED ISRAEL 40 YEARS	40	2893	1107
JUDGES 15:20 & 16:31	SAMSON JUDGED ISRAEL 20 YEARS	20	2913	1087
1 SAMUEL 10:1 & ACT 13:21	SAUL RULED ISRAEL 40 YEARS	40	2953	1047
2 SAMUEL 5:4, 1 KINGS 2:11	DAVID RULED ISRAEL 40 YEARS	40	2993	1007
1 KINGS 11:42, 2 CHRON 9:30	SOLOMON RULED ISRAEL 40 YEARS	40	3033	967

From Adam to Christ Time Line

Reference	Event	Years	Date 1	Date 2
1 KINGS 14:21 & 2 CHRON 12:13	REHOBOAM RULED JUDAH 17 YEARS	17	3050	950
1 KINGS 15:2 & 2 CHRON 13:2	ABIJAH RULED JUDAH 3 YEARS	3	3053	947
1 KINGS 15:10	ASA RULED JUDAH 41 YEARS	41	3094	906
1 KINGS 22:42 & 2 CHRON 20:31	JEHOSPHAPHAT RULED JUDAH 25 YEARS	25	3119	881
2 KINGS 8:17 & 2 CHRON 21:5	JEHORAM RULED JUDAH 8 YEARS	8	3127	873
2 KINGS 8:26 & 2 CHRON 22:2	AHAZIAH RULED JUDAH 1 YEAR	1	3128	872
2 KINGS 12:1 & 2 CHRON 24:1	JEHOASH/JOASH RULED JUDAH 40 YEARS	40	3168	832
2 KINGS 14:2 & 2 CHRON 25:1	AMAZIAH RULED JUDAH 29 YEARS	29	3197	803
2 KINGS 15:2 & 2 CHRON 26:3	AZARIAH/UZZIAH RULED JUDAH 52 YEARS	52	3249	751
2 KINGS 15:33 & 2 CRHON 27:1	JOTHAM RULED JUDAH 16 YEARS	16	3265	735
2 KINGS 16:2 & 2 CHRON 28:1	AHAZ RULED JUDAH 16 YEARS	16	3281	719
2 KINGS 18:2 & 2 CHRON 29:1	HEZEKIAH RULED JUDAH 29 YEARS	29	3310	690
2 KINGS 21:1 & 2 CHRON 33:1	MANASSEH RULED JUDAH 55 YEARS	55	3365	635
2 KINGS 21:19 & 2 CHRON 33:21	AMON RULED JUDAH 2 YEARS	2	3367	633
2 KINGS 22:1 & 2 CHRON 34:1	JOSIAH RULED JUDAH 31 YEARS	31	3398	602
2 KINGS 23:31 & 2 CHRON 36:2	JEHOAHAZ	0	3398	602
2 KINGS 23:36 & 2 CHRON 36:5	JEHOIAKIM RULED JUDAH 11 YEARS	11	3409	591
2 KINGS 24:8 & 2 CHRON 36:9	JEHOICHIN	5	3403	597
2 KINGS 24:18 & 2 CHRON 36:11	ZEDEKIAH RULED JUDAH 11 YEARS	11	3420	586 JERUSALEM CAPTURED
2 CHRON 36:21 & DANIEL 9:2	JUDAH CAPTIVE IN BABYLON	70	3490	516
EZRA 1:1-6	RETURN TO JERUSALEM	116	3606	400

3

BETWEEN THE TESTAMENTS

PERSIA RULED JUDAH	PERSIA RULED JUDAH UNTIL 333 BC	62	3668	338
GREECE	GREECE RULED JUDAH	10	3678	322
SELEUCIDS	EGYPT RULED JUDAH	125	3803	197
ANTIOCHUS III	SYRIA RULED JUDAH	22	3825	175
ANTIOCHUS IV	SYRIA RULED JUDAH	9	3834	166
THE MACCABEES REVOLT	JUDAH BATTLES AND GAINS INDEPENDENTS	24	3858	142
JUDAH	JUDAH BECOMES INDEPENDENT	0	3858	142
HASMONEAN PERIOD	JUDAH REMAINS INDEPENDENT	80	3920	80
POMPEY (106 BC – 48 BC)	ROME INVADES PALESTINE	67	3933	67
JULIUS CAESAR (100 BC – 44 BC)	ROME RULED JUDAH	0	4000	0
AUGUSTUS CAESAR (63 BC – 14 AD)	ROME RULED JUDAH	0	4000	0
HEROD (73 BC – 2 AD)	APPOXIMATELY THE BIRTH OF JESUS	0	4000	0

Made in the USA
Monee, IL
15 February 2024

52957905R00086